U0047771

職涯

職涯名師藍如瑛50堂職場必修課,從社會新鮮人到CEO,
掌握人生關鍵時刻,輕鬆縱橫職場!

勝經

藍如瑛 —— 著

[推薦序一]

職涯的引路人

趙雅麗 / 前淡江大學文學院院長、前臺灣公共廣播電視集團董事長

如瑛是我在淡江大傳任教時的導生。三十多年來,我見證她從求學到就業,一路追求自我實現的過程,其中可見關鍵抉擇的力量、進退取捨的智慧以及人格特質的魅力。

職涯輔導真是為她量身定制的角色!這本書回應了職涯階段歷程中最典型的 50 個問題,以如瑛的專業、經驗與智慧,我相信她必能成為你職涯的「引路人」!

[推薦序二]

一起探索人生與職涯

何飛鵬 / 《商業周刊》創辦人、城邦媒體集團首席執行長

職場是一個永無止境的修煉過程,不只是修煉能力,更是修煉心性。

如瑛是《商業周刊》早期廣電小組的一員,當年從眾多應徵者脫穎而出,現成為許多人的職涯導師。時下臺灣許多年輕人擔憂未來,可以跟著藍老師一起探索人生與職涯!

遇見更好的自己

黑幼龍 / 華文卡內基訓練創辦人

人生不只可以變好，還可以更好！只要你比別人更想飛，可以遇見更好的自己。

如瑛「很卡內基」，30 年前我是她主持的廣播節目中常態來賓，她身上充滿了熱忱與自信，有很好的人際和溝通力，所以我說她「很卡內基」。抱持正向成長心態，相信你一定可以從這本書中受益。

[自序]
在職涯路上，重要的不是勝過別人

　　書，在我的人生中占了很重要的分量！

　　法國作家雨果的《孤星淚》是我人生的第一本課外書，那是小學三年級班導師在學期末送我的，這本書開啟了我對閱讀的興趣。於是，我有了人生的第一個夢想——開一間書店，當書店老闆，這樣我就有看不完的書了。小時候家境清寒，能有免費的書可看，真的很吸引我。看書，成為我最大的興趣。

　　年過半百，我沒有當上書店老闆，而是講了數千場演講，只好把出書當成我的夢想。韓愈的座右銘「化當世莫若口，傳來世莫若書」這句話，我將它印出來一直放在我的電腦桌前。

　　2011 年兒子就讀的新竹市建功國小，將我兩年家長會會長任期內在家長會網站上寫的 57 篇教養文章集結成冊，印製了《那些年我在建功日子》，2017 年我自行出版了《我的麥克風人生》有聲書。這些書，都沒有在網路或實體書店銷售。

　　從不過問我工作的媽媽，居然問起我：「你的有聲書賣得怎樣？」我回她：「重點不是賣書，是做公益！」媽媽點點頭說：「很好！」

沒想到四天後，她出門參加親戚告別式時，竟被 92 歲高齡駕駛撞死，處理完媽媽的後事和漫長的官司後，出書的念頭在我腦海中浮現，我告訴自己，想做的事不要再等了！

　　兒時的廣播節目主持人的夢想，成就了我的媒體人生；中年時的演說家夢想，成就了我的演講人生。「**生涯需要規畫，也要因應變化**」，人生的上半場，我努力當自己生涯的主人；人生的下半場，我努力當別人生涯的貴人。

　　從事職涯領域的工作將近十四年，對大學生、上班族和待業民眾等講授「職涯」的相關主題，我希望透過演講能幫助職涯迷惘的人。更藉由一對一的職涯諮詢，給需要的人具體的協助。現在把它寫成書，我想一定可以影響更多人。

　　本書分為四大部分：職涯迷惘期、職涯作戰期、職涯菜鳥期、職涯老鳥期。看來似乎是個階段的概念，但有時候未必如此，在職涯的路上，有些人越走越清楚方向，有些人卻可能在翻過一座山後迷路了。不管你正處於哪個階段，都期待這本書可以陪伴你。

　　我應該比大家幸運，沒有經歷職涯迷惘期。我從小就是個愛做夢的人，有很多關於長大後的志願。「當廣播節目主持人」是小學四年級的志願，也影響了我對大學科系的選擇。我

渴望能把這份幸運分享給你，希望你看了這個篇章，能釐清職涯的方向。

我可以算是職涯作戰高手，從小我的表達能力特別好，小學時我就是作文、朗讀和演講比賽的常勝軍。有好的表達能力才能行銷自己，才能與他人有效的溝通，這也是為什麼我特別重視孩子和學生的表達能力。

在求職上，我跟大多數的人一樣，看職缺投履歷，但我也曾靠師長朋友推薦，也曾被挖角，還用過毛遂自薦。切記：**「求職要多管齊下」**。履歷自傳和面試技巧，是我最常被邀請的演講主題之一，你肯定不能錯過書中的觀點。

職涯菜鳥和老鳥是每個在職場的人必須經歷的。因為轉職的關係，我曾成為資深菜鳥。我做過打工族、上班族，也當過SOHO族、斜槓族，唯一沒當過的就是失業族，但卻長期輔導失業民眾，書中有不少相關個案。

以職位來說，我當過員工、leader，更是兩度擔任空降主管。職場走一遭，嘗盡酸甜苦辣，就當成是修煉吧！我不喜歡職場的勾心鬥角、爾虞我詐，一直期許自己永保真誠的心。

猶記得七年前，兩個孩子才讀國中，那一年臺灣的代表字是「黑」，我跟兩個孩子做了一個腦力激盪——說出自己的代

表字。這樣的題目可能有點難，小兒子短時間內無法回答，大兒子說他的代表字是「拚」，我甚是感動。

他反問我：「媽媽，您的代表字是什麼？」我回答：「真。」他問我：「為什麼是真？」我說：「我做人真誠、做事認真，我有真材實料的本事，我追求真善美的人生。」

十四年前，我結束上班族生活，成為自由工作者（有人說我創業），我以社會教育工作者自居，期許自己：「**改變，從一場好的演講開始。**」如今新書問世，希望這本書能帶給你改變。書中是我職場工作十四年，加上演講和輔導工作十四年，共二十八年的職涯實戰經驗。但礙於諸多考量，我曾遇過被黑道恐嚇、被白道送紅包、同事在頂樓想跳樓等特殊經驗，沒能寫進書裡，這些留待演講時再告訴你吧！

職涯不是人生的全部，只是人生重要的部分。以《職涯勝經》為名，**在職涯路上，重要的不是勝過別人，而是能戰勝自己、戰勝困難。**

在完成此書一校的晚上，我夢見了我的爸爸和媽媽，爸爸對我說：「這就是人生！」媽媽對我說：「更勇敢一點！」

以這本書紀念我在天上的父母，是您們的愛，成就了我無悔的人生！

目次

[推薦序] 職涯的引路人 **趙雅麗** ⋯⋯⋯⋯⋯⋯⋯⋯⋯ 2

[推薦序] 一起探索人生與職涯 **何飛鵬** ⋯⋯⋯⋯⋯ 2

[推薦序] 遇見更好的自己 **黑幼龍** ⋯⋯⋯⋯⋯⋯⋯ 3

[自序] 在職涯路上，重要的不是勝過別人 ⋯⋯⋯ 4

STAGE1 職涯迷惘期

1.對未來真的很迷惘，不知道自己的方向？ ⋯⋯⋯ 14

2.不太瞭解自己，怎麼找工作？ ⋯⋯⋯⋯⋯⋯⋯⋯ 18

3.先讀研究所還是先工作？ ⋯⋯⋯⋯⋯⋯⋯⋯⋯⋯ 22

4.不知道未來如何選擇行業該怎麼辦？ ⋯⋯⋯⋯⋯ 26

5.選工作該考量興趣、個性、薪水、地點、家庭⋯⋯？ 29

6.第一份工作到大公司好？還是小公司好？ ⋯⋯⋯ 32

7.快畢業了，對自己沒有太大的信心，該如何是好呢？ 35

8.沒有實習經驗的社會新鮮人，會遇到什麼挑戰？ 40

9.畢業後想創業，要怎麼開始？ ⋯⋯⋯⋯⋯⋯⋯⋯ 43

10.一個準畢業生，應該要積極到怎樣的程度才行？ 48

11.職涯測驗的結果能做為未來的參考嗎？ ⋯⋯⋯⋯ 53

12.爸爸、媽媽不支持我想做的事怎麼辦？ ⋯⋯⋯⋯ 56

STAGE 2 職涯作戰期

13.怎麼樣提升求職成功的機率？ …………………… 62

14.怎麼寫履歷？怎麼面試？ …………………… 67

15.我的經歷不豐富，不知該如何寫履歷？ …………………… 71

16.寫自傳好難，該怎麼下筆？ …………………… 75

17.履歷表一定要貼照片？ …………………… 79

18.接到面試電話該注意什麼？ …………………… 84

19.面試時有什麼禮儀和應答細節需要注意？ …………………… 88

20.如何克服面試緊張？ …………………… 92

21.團體面試該怎麼表現？ …………………… 96

22.視訊面試要注意什麼？ …………………… 99

23.面試時如何談薪水？ …………………… 103

24.面試有哪些常問的問題？ …………………… 107

25.想知道履歷和面試常犯的錯誤？ …………………… 111

26.面試時會講話的人很吃香，該怎麼增進表達能力？ …………………… 114

STAGE 3 職涯菜鳥期

27.面試和實際工作內容不同，該怎麼辦？ ……… 120

28.職場第一份工作要做多久？ ……… 124

29.社會新鮮人該怎麼增進與人互動的能力？ ……… 127

30.如果所學與工作領域完全不同，該如何面對工作上的挑戰？131

31.常常覺得動力不足，如何提升自己工作上的積極度？ ……… 135

32.覺得自己執行力不足，怎麼讓自己變得更有執行力？ ……… 140

33.工作時情緒容易受影響，要怎樣讓自己的情緒穩定？ ……… 144

34.不太會規畫時間，如何讓自己變得更有效率？ ……… 149

35.遇到主管很刁難怎麼辦？ ……… 152

36.想要斜槓，建議社會新鮮人斜槓嗎？ ……… 157

37.怎麼樣才能快速升遷？ ……… 161

38.怎樣對主管提離職，可以好聚好散？ ……… 165

STAGE 4 職涯老鳥期

39.工作產生倦怠怎麼辦？怎麼維持熱情？ 170

40.工作如何兼顧家庭？ 174

41.我該培養第二專長嗎？ 179

42.什麼時候該轉職？工作不順利要轉行嗎？ 182

43.有升遷機會，我要接受嗎？ 186

44.同事很愛找麻煩，我該怎麼辦？ 190

45.遇見比自己年輕的主管該怎麼相處？ 194

46.怎麼向上管理？ 198

47.怎樣當一個好主管？ 203

48.怎麼避免中年失業？ 208

49.如何思考人生下半場？ 212

50.每一次的人生轉折點，要用什麼信念態度去面對？ 217

致謝 221

職涯迷惘期

1. 對未來真的很迷惘，不知道自己的方向？
2. 不太瞭解自己，怎麼找工作？
3. 先讀研究所還是先工作？
4. 不知道未來如何選擇行業該怎麼辦？
5. 選工作該考量興趣、個性、薪水、地點、家庭⋯⋯？
6. 第一份工作到大公司好？還是小公司好？
7. 快畢業了，對自己沒有太大的信心，該如何是好呢？
8. 沒有實習經驗的社會新鮮人，會遇到什麼挑戰？
9. 畢業後想創業，要怎麼開始？
10. 一個準畢業生，應該要積極到怎樣的程度才行？
11. 職涯測驗的結果能做為未來的參考嗎？
12. 爸爸、媽媽不支持我想做的事怎麼辦？

1
對未來真的很迷惘,不知道自己的方向?

» 迷惘不能找到方向,體驗才能找到解答!

　　從事職涯輔導十多年來,最常聽到的問題就是:「對未來工作方向茫然,不知道什麼樣的工作適合自己?」、「對未來真的很迷惘,不知道自己的方向?」……,「茫然」、「迷惘」竟然成為職涯的關鍵字!

　　我是勞動部共通核心職能講師,十多年來在大學(和科大)講授《就業學程》和《共通核心職能》課程,我一定會問學生:「你們知道畢業後要做什麼的請舉手。」這些年教了五十個班以上,每班舉手的學生通常只有二個人左右。

　　以職場為主題的相關雜誌,也經常調查相同的問題,結果有 40%的大學生對畢業後的職涯方向感到迷惘。我在教學的現場,看到的遠比這個數字還要高出許多。《聯合報》也曾調查發現,「未來生涯發展」是大學生壓力來源的前五名。

從事職涯輔導這行後，我才知道，原來大家對未來的就業方向如此困擾。我在小學時就立定了未來的工作志向，每次演講提到這裡，大家很聰明的猜想：「老師，你的爸爸、媽媽應該是小學老師，你才會在這麼小的年紀就找到自己的志向。」

　　如果你也這麼想，那就猜錯了！我的爸爸、媽媽不是小學老師，他們只有小學畢業，而且我的家境貧窮，他們成天忙著改善家裡經濟，很難有時間管我的課業，更別說是志向了。

　　小學四年級時，我便決定長大後要當廣播節目主持人，這跟我的成長環境有很大的關連。我爸爸開個小家電行，常幫客人修理收音機和組裝音響，小時候家裡沒有電視機，我沒有補習，放學寫完功課後，閒來無事就蹲在那裡看爸爸修收音機，順便聽聽廣播。

　　爸爸一下子轉到講著臺語的電臺：「咱進一段工商服務，再轉來咱的節目。」一下子又轉到播報新聞的電臺：「中原標準時間八點整，為您播報新聞提要。」一下子又轉到播音樂的電臺：「好花不常開～好景不常在～今宵離別後～何日君再來～」讓我對廣播充滿了好奇與熟悉。

　　再加上小學四年級被學校訓導主任選為司儀，每天升旗典禮拿著麥克風整隊、領唱國歌等，讓我愛上了拿麥克風講話的

工作。於是，當廣播節目主持人就成為我的志向。

　　我有一位行銷系的學生，大學四年都在便利商店打工，並且漸漸喜歡上這樣的工作，畢業一年後，她選擇創業開便利商店，她也開心的跟我分享開店的好消息。

　　還有一位環工系的學生，因為參加市政府的暑期工讀計畫，到市政府轄下的單位工讀，讓他覺得公務員的工作環境很好，於是下定決心報考公職，後來如願以償進入公職服務。他告訴我：「老師，我真開心當初參加了市政府暑期工讀計畫，讓我找到了方向。」

　　未來的工作方向，不要期待它會在畢業前夕突然出現，**未來的工作方向，需要你及早體驗和思考。**

　　在大學教書長達三十年，我當然希望你能「學以致用」，但根據人力銀行的統計，六成的人是「學非所用」。因此，如果在讀大學前，你就能夠確定自己喜歡的工作及科系，那是更理想的。

　　如果你還是大學生，我會建議你找機會去實習或打工，多接觸、多瞭解，不要只是空想或者坐困愁城。還有多認識畢業的學長姐，聽他們的分享，也能增進自己對職場與職業的認知。

如果你是應屆畢業生，建議你認真看職缺工作內容，而不是只看職稱，從職缺內容可以評估自己對這份工作的適合度；如果你已經是職場老鳥，但還是對未來感到迷惘，請你繼續認真閱讀這本書，看完後相信你會得到解答的。

　　讓我陪著你，KO 你的職涯迷惘，掌握人生關鍵時刻，輕鬆縱橫職場。

2

不太瞭解自己，怎麼找工作？

» 找出你喜歡且擅長的事！

「不太瞭解自己，怎麼找工作？」、「不清楚自己喜歡什麼？」經常有人這樣問我，他們因為不瞭解自己，不清楚自己喜歡什麼，所以不知道該找什麼樣的工作。

「自己」才是職涯最重要的關鍵字！

生涯規畫可以簡化為六個字：「知己」、「知彼」、「抉擇」。

「知己」是基礎，再重要不過了！要怎麼要瞭解自己呢？你可以從幾個角度來自我認識：「興趣」、「能力」、「性格」、「價值觀」。以我來說，我的興趣是閱讀、唱歌、演講，不過你肯定聽過長輩對你說：「興趣能當飯吃啊？」幸運的是，38 歲以後，我的興趣「演講」成為我的工作。

我每年有 200 場以上的演講，我喜歡跟聽眾互動，經常

問聽眾他們有什麼興趣。大多數的高中生或大學生最大的興趣，我不說你們可能也猜得出來，那就是「玩手機」。

根據許多單位調查，約四成青少年每天滑手機超過三小時，在我進一步的詢問下，不少學生除了手機外，好像沒有其他的興趣。如果連興趣也變得這麼匱乏，可能就應驗了長輩說的：「興趣能當飯吃啊？」

小學四年級我就立定長大要成為廣播節目主持人，當時的我就只是因為「興趣」。不過，我後來大學讀的是大眾傳播系，學到了廣播企劃、廣播節目製作等，我利用暑假到中國廣播公司實習，也考取了幼獅廣播電臺校園實習，一年製作和主持了 52 集節目。這時候的我，對於廣播節目主持人的工作不光只有「興趣」，還擁有了「能力」。

在我的職涯輔導經驗中，曾有一位國立大學光電研究所的男學生來找我，他跟我說他對光電沒有興趣。每每面對這樣說法的學生，我心中總是有一股遺憾，既然沒有興趣，為什麼又要讀到研究所？為什麼不去讀有興趣的？

這位研究生問我：「我對彈吉他有興趣，有沒有可能靠彈吉他工作？」經過一番瞭解，他在大學時參加社團才接觸吉他，但沒參加過任何吉他比賽，也沒有其他的音樂底子。我初

步推測他的吉他功力應該一般般，我請他下次諮詢時帶吉他來彈奏一下。

　　等到下次諮詢時，或許他在我面前有些緊張，儘管吉他彈得還算可以，但並沒有特別出色。我建議他，**興趣要變成專長，才比較有機會以此做為工作**，他聽到這番話時，眼神有些許落寞，但我還是不能不提醒學生面對現實。

　　「知己」的過程中，我希望學生能找出自己「喜歡的事」和「擅長的事」。喜歡的事就是「**興趣**」，興趣會產生「熱情」；擅長的事就是「**能力**」，能力會累積出「專業」。

　　在職場上有熱情、有專業，沒有行不通的道理，我常以我個人為例問聽眾：「藍老師喜歡演講，但是如果講得很爛，有人會花錢請我去演講嗎？」

　　臺下的聽眾都會異口同聲說：「不會！」

　　此時我會接著說：「沒錯！藍老師喜歡演講，要講得非常好，才有人願意花錢請我去演講！」

　　你花了很多時間瞭解手機上的遊戲，然而你花了多少時間瞭解自己？

　　如果你還是大學生，我建議你好好管理手機使用時間，多花點時間和自己對話，花點時間發展興趣，花點時間好好學習

專業；如果你是應屆畢業生，卻還不瞭解自己，面試時當主管問你有什麼優點和缺點，你怎麼答得出來？

　　如果你已經是職場老鳥，還是要繼續瞭解自己，因為**瞭解自己是一輩子最重要的課題。**

3
先讀研究所還是先工作？
» 別為了逃避就業讀研究所！

　　大學生不僅是對工作感到茫然，對於該不該升學也經常拿不定主意。「先讀研究所還是先工作？」、「不確定是否要繼續升學，或是先步入職場？」、「是不是一定要念研究所，進入職場才比較有競爭力？」我經常被問這樣的問題。

　　在我考大學的年代，大學聯考的錄取率大概是 31%，也就是 10 個高中生只有 3 個可以考上大學；到了 2020 年，大學錄取率高達 91%，也就是 10 個高中生只有 1 個考不上大學。根據江湖中的傳言，這 1 個沒上大學的，是因為沒考上醫科而想要重考的。

　　在幾乎人人可上大學的年代，大學學歷貶值了，我跟我的兩個孩子說：「如果你們不討厭讀書，媽媽期望也鼓勵你們能讀到研究所，提升自己的學歷，也提升自己的競爭力。」

　　每當大學生來問我這個問題時，我會問他：「你喜歡讀書嗎？」如果不喜歡讀書，真的不要勉強。大學畢業也是可以找到工作，等想讀書或需要讀書時再讀書，現在讀書的管道和機會非常多。

　　如果學生的回答是「喜歡讀書」，我會進一步問：「要讀什麼研究所？」

　　大多數的學生幾乎都回答他現在讀的科系，此時我會接著問：「你喜歡這個科系嗎？」這時候，很多人就會開始猶豫了。

　　有人會回答我：「不喜歡，但不知道要讀什麼。」

　　有人會回答我：「不喜歡，但考這個最容易。」

　　聽到這些答案，讓我非常的擔心。

　　一位哲學系的大四生跟我說：「老師，我不知道哲學系畢業後能做什麼？」

　　我說：「大四了，那你現在在忙什麼？」

　　他說：「我在準備考研究所。」

　　我訝異的問：「你已經不知道哲學系畢業後能做什麼，你還繼續讀研究所？」

　　他說：「再給自己兩年的時間想這個問題。」

兩年後這位學生就能想出答案嗎？還是只是把問題往後延兩年罷了？

我希望正陷入考量要不要讀研究所的人，都能好好思考這幾個問題：「你喜歡讀書嗎？」、「要讀原來科系的研究所，還是要讀不同科系的研究所？」

如果以上兩個問題的答案都非常肯定且清楚，接下來我會問你：「經濟上可以負擔嗎？」這是我自己親身遇到的問題，我非常喜歡讀書，我很清楚自己要讀新聞傳播研究所，但我當時的家境不好，因此我決定先工作賺錢再讀書。

我給自己設定兩年的時間，最後我花了三年的時間，跟小我三屆的應屆畢業生一起考研究所（當時沒有在職生的名額），全班 10 位研究生，我的年紀第三大，有 7 位是應屆畢業生。而兩年後，只有我和另外一位應屆考上研究所的同學順利畢業。

如果在經濟上允許，可以考慮大學畢業後直接攻讀研究所。現在很多大學推出「五年一貫」，這樣還可以省去一年的時間，是一個不錯的選擇，但必須符合相關規定才能申請。

如果經濟上不允許，只好先工作賺錢，未來再讀研究所。**人生有時候不能一次到達目的地，繞一點路我們終究還是能到**

達目的地，懷抱著夢想前進吧！

如果你有打算讀研究所，未來研究所的入學方式會越來越傾向申請入學，因此大學的成績必須要有一定水準。再來需要有推薦人，最好跟大學老師或職場主管保持良好的互動，未來你還需要請他們幫你寫推薦信。我會鼓勵學生，最好能到比自己大學更好的學校讀研究所，一來為學歷加分，再來可以跟不同的老師學習。

「讀國內研究所好，還是國外研究所好？」、「在職專班好，還是全職生好？」依我之見都好，畢竟每個人的資源不一樣，沒有絕對的好或不好，只有適不適合。先讀研究所或先工作不重要，重要的是，這是你要的嗎？

很多人擔心先工作以後不見得能考得上研究所，這些擔心在我看來都是多餘的，**當你的目標和意志夠堅定，你一定會使命必達。**

4
不知道未來如何選擇行業該怎麼辦？

» 你不需要樣樣都行，但要有一項最在行！

　　不管是大學生還是上班族找我諮詢時，最常講到的一個詞就是：「好煩！」

　　聽到這樣的話，我都會告訴對方：「如果煩可以解決問題，來！藍老師陪你一起煩，好，開始！」聽到我這些話，每個諮詢者都會覺得好笑。

　　到底他們在煩什麼？沒有方向，煩！方向太多，也煩！「這個喜歡，那個也不排斥，好像每個都行。再仔細想想，好像卻又都不行，不知道未來該怎麼辦？」、「考慮的職業方向很多，不知道該選哪一個？」、「爸爸叫我考公職，媽媽叫我讀研究所，我是比較想找工作。」選擇太多真的讓人苦惱啊！

　　我演講時常常會舉吳寶春的例子，吳寶春從小就是想做麵包，吳寶春說：「一條路憨憨走，直直走，走久就會通了！」

果然，做出了世界冠軍麵包。我也常舉自己的例子，我從小想做廣播節目主持人，經過十二年的堅持和努力，大學畢業後的第一份工作就是廣播節目主持人。

職涯的方向不必多，一個就夠了！

其實，我也不是只有一個志向的人。我在小學三年級就有了第一件想做的事：當書店老闆；不過到了小學四年級，廣播節目主持人的志向，超越了書店老闆的志向。沒想到上了國中時，因為參加合唱團的緣故，讓我愛上聲樂，那時我又想成為聲樂家。

國三時我問學校老師，怎麼考國立藝專聲樂系（五專）？老師問我：「你有學鋼琴嗎？」我回答：「沒有。」老師又問：「你有學長笛嗎？」我從小家境貧窮，能有飯吃、有書讀就不錯了，什麼才藝、補習都沒有。

我忍不住告訴老師：「我要考聲樂系，因為我聲樂唱得很好。」經過老師一番解釋，我才知道只會唱聲樂是無法考聲樂系的。當時的我沮喪萬分，久久無法釋懷，只好再度拾起當廣播節目主持人的志向，從此，就再也沒有動搖過了。

如果你是方向很多的人，我要先肯定你，因為你是個多才多藝的人，但我也要提醒你：「多才多藝多煩惱」，如果不能

聚焦，很可能會「樣樣通樣樣鬆」，容易一事無成。

如果不知道怎麼選擇，你可以採用刪去法，把最不考慮的方向先刪掉，或者選擇最吸引你的。

你還可以試試這個方法，拿出一張紙，好好靜下心來，寫下所有方向，並一一列出每個方向的優缺點，接著替這些方向打分數，運用我在前面提到的兩個標準：「喜歡」和「擅長」，用喜歡的程度打分數，用擅長的程度打分數。然後選出排序第一的方向，以此做為你的目標。**朝著一個明確的目標前進，集中全力，比較容易到達目的地。**

經歷過金融海嘯和新冠肺炎的衝擊，我會建議你，除了一個主要的目標外，你還可以再找一個備案，最多就這樣了！

在新冠肺炎的衝擊下，很多產業受到重創，很多人被迫必須改變工作型態。如同我常說的：「**生涯需要規畫，也要因應變化。**」當無法選擇最愛的 A 選項時，也要學習擁抱 B 選項。

在你的一生之中，從考試後的選填志願，到畢業後的選擇工作，在職場後的選擇升遷、選擇換工作、選擇何時退休，會面臨到很多的抉擇，此時你要慢慢建立並學會怎樣做出對你而言最好的選擇。

5
選工作該考量興趣、個性、薪水、地點、家庭⋯⋯？
» 選擇工作難考量，知己知彼做選擇！

　　我常告訴學生：「人生充滿了選擇，我希望你能成為有能力選擇的人。」我經常被問到：「選工作該考量什麼，興趣、個性、薪水、地點、家庭⋯⋯等？」、「第一份工作該考量哪些因素？」

　　來吧！把所有的可能都寫出來。選擇工作該考量什麼？很多人都會說興趣、個性、薪水、地點、家庭，當然不只這些，還有能力、價值觀、發展性、成就感、升遷、公司前景等，也有人會考量父母的意見。

　　縱使寫出這麼多選擇工作考量的因素，諮詢者還是會問我：「老師，應該考量哪些？」別期待我會有標準答案可以告訴你，我只會告訴你：「生涯自己決定，自己負責。」

　　不只是即將要踏出校門的應屆畢業生，即便是有職場經

驗的上班族，遇到工作的轉換時，還是對這個問題感到困擾。在金融海嘯時，一位年約 40 歲、在新竹科學園區半導體公司工作的高階主管，無預警的失業了，他付了費用找我諮詢，他說：「顧問，我從沒想過我會失業！」

我看了他的履歷表，他說這樣的話我一點都不意外，因為他是國內頂大畢業，國外知名大學研究所畢業。但在瞬息萬變的職場，誰能保證工作穩當？面對突如其來的變局，他不知道該如何踏出下一步。

我拿了張紙，請他寫下他目前的兩個機會，和我給他的建議，針對這可能的三個選擇，請他列出他的考量因素。他有豐富的職場經驗，很快便能理解我的意思，橫向他寫下了三家公司：A 公司、B 公司、C 公司，縱向寫下四個選擇工作的考量因素：公司前景、發展性、薪水、能力發揮，這樣構成了 12 格，我請他從 0 到 10 分進行評分。

我問他四個選擇工作的考量因素，在他心目中是不是一樣重要？他說不太一樣，我請他依照重要性給予不同的權重，最後，他釐清了他的選擇。

選擇很難，曾是華人首富的李嘉誠說：「人生三大遺憾：**不會選擇、不堅持選擇、不斷的選擇。**」

為什麼我希望你能成為有能力選擇的人？如果你應徵三份工作，三份工作都被錄取，你才有機會選擇；如果你應徵三份工作，只有其中一份工作錄取你，你就別無選擇。

　　大家都想做最好的選擇，但事實上，誰也無法斷定什麼是最好的選擇，做好「知己」（瞭解自己）、「知彼」（瞭解職業），可以協助你做出比較好的選擇。

　　還有，或許你應該改變一下思維，不是追求「最好」的選擇，而是「最適合」的選擇，就如同企業在選人一樣，被錄取的不見得是「最優秀」的人，而是「最適合」的人。

　　社會新鮮人關心的問題是：「第一份工作該考量哪些因素？」其實就是上面的這些因素，時下很多年輕人會在意工作氣氛、能不能準時下班、工作地點和交通。我也曾經是社會新鮮人，我在意的則是學以致用、自我實現。

　　我當時從我的故鄉基隆市每天通勤到臺北市工作，在那週休一日的年代，在那個火車沒有區間車、只有普通車的年代，在那個沒有臺北捷運、只有公車的年代，當時我還要跟同事輪流播報早上八點的整點新聞，我必須在六點前就搭上火車，上班地點、交通，對我而言不是重要考量。

　　俗話說：「不要在該奮鬥的年齡選擇安逸。」你認為呢？

6
第一份工作到大公司好？還是小公司好？

» 大公司小公司都好，你想進也進得去的就是好公司！

　　對於怎麼選擇職場的第一份工作，大家都戰戰兢兢，也可能惶惶不安。很多應屆畢業生或退伍役男都會問我：「第一份工作到大公司好？還是小公司好？」、「很多人建議畢業先到大公司工作學制度，是這樣嗎？」

　　在回答這個問題前，我想先問你，你想做什麼工作？進怎樣的公司？如果這些問題都還沒獲得解答，只想著大公司或小公司，有些不切實際。以我來說，我從小就想當廣播節目主持人，廣播電臺應該都算是小公司吧？所以，我根本不會花時間在要進大公司還是小公司這個問題上，不過就算都是小公司，還是有規模和品牌及定位的差異。

　　大學還沒畢業，學校就推薦我應徵基隆的一個地方廣播電臺，當我去到這家電臺時，感覺上好像是「家庭」，董事長跟

我面試後當場錄取我，但我後來沒去這家電臺上班，決定再找其他的機會，因為這家電臺主要以臺語發音為主，且電臺的主要收入是賣藥，這些都和我喜歡的定位和風格不同。

後來，我發現廣播的職缺真的很少，當時的三家電視公司（臺視、中視、華視）也在招考新進人員，我在大學時主要修課和實習的重點是廣播和電視，於是決定先去報考三家電視公司。相較於廣播，電視臺屬於大公司，當時如果能進三家電視公司，據說可以有百萬年薪，是傳播業最高薪的工作。

有這麼好的待遇，大家當然趨之若鶩，當時有 1000 人以上報考，沒想到我竟然一路過關斬將，警察還到家裡做身家調查，只可惜最後沒有錄取。一位當兵的同學寫信安慰我，並告訴我看似公平的考試，有時也有一些不為人知的考量。

從我的經驗中，你是不是瞭解了，要進大公司還是小公司，有時候你也沒辦法選擇，因為你根本沒有機會選啊！

大公司和小公司有很大的不同，大公司分工細、部門多，制度較完善，發展性大；小公司每個人負責的事項多、同事少，人際關係較不複雜。簡單來說，在小公司學得廣，在大公司學得精；在大公司有前景，在小公司有溫馨。

我的第一份工作是小公司，公司人數約 30 人，而我工作

的部門才 3 個人，小老闆加上兩個應屆畢業的菜鳥。因為人少，我的表現很快就受到老闆的肯定。而同事之間的感情也很好，即使我離職後，小老闆一有機會總會先想到我，他後來也離職到新的大公司，還想要找我一起過去。

我在職場的最後一份工作是在一家大公司，公司人數約 7000 人，我原本在 A 部門，做了一年多覺得發展性受限，於是申請內部轉職到 B 部門，這就是在大公司的好處。

這家公司還有附設托兒所、幼稚園和安親班，同仁小孩保障就讀，學費打八折，對於當時有兩個小小孩的我，深覺得這是最棒的福利了。此外，公司還有交通車，對於不會任何交通工具的我，真是太方便了！

2020 年 Netflix 擠下 Google，躍升為新世代人才最嚮往的公司，想成為 Netflix 的一份子，先問自己以下兩個問題：「我是成熟的大人嗎？」、「我是 A 級人才嗎？」什麼是成熟的大人？**懂得自制、擔起責任、把工作做好。**

Netflix 每年不僅會淘汰績效最後 10% 的員工，公司對於犯錯的容忍度也很低。你想進什麼公司？還得想辦法進得去，而且進去之後還要不被淘汰才行啊！

7
快畢業了，對自己沒有太大的信心，該如何是好呢？
» 發揮強項，沒有理由對自己不自信！

　　隨著畢業的腳步接近，大多數準備就業的大學生開始出現不安、煩躁等情緒，此時很多人來問藍老師：「要畢業了，害怕自己能力不足，無法勝任，感到徬徨茫然怎麼辦？」、「快畢業了，對於自己沒有太大的信心，該如何是好呢？」

　　如果你也有這方面的困擾，別只挑這題看，看看前面幾題吧，最好是完整看完這本書，你會得到更完整的解答。

　　對自己沒信心，是個很抽象的問題，通常我會反問：「對自己哪方面沒信心？」

　　有學生就會說：「專業能力不足。」

　　有學生會說：「英文不夠好。」

　　有一位大三的學生下課時來找我：「老師，我英文不太好，該怎麼辦？」

我反問他：「你英文不太好，你有讀英文嗎？」

他尷尬的笑著說：「沒有。」

我說：「沒有讀英文，英文怎麼會自動變好？」

這是個很簡單的道理，但大家卻好像不懂。其實，應該很多人聽過「英文很重要」、「英文好在職場很吃香」，然而知道是一回事，又有多少人認真學好英文呢？

這位學生每個星期都要上我的課，我約他一起讀英文，星期一下午遇見他，我都會問：「今天讀英文了嗎？」得到的答案大多數是「還沒」，看來我比他認真啊！

該做的事我總不拖延，我都在見到他之前讀好英文，有時還會把寫了筆記的雜誌帶到學校，讓他眼見為信。

一次在政府的就業博覽會中，一位高䠺的女生在職涯諮詢服務臺坐了下來，她問我：「顧問，我想要找空姐的工作，可以幫我看一下履歷表嗎？」

我還沒看履歷表就先問她：「你身高幾公分？」她的身高168 公分，外型和身材也不錯，應該符合航空公司的標準。

我接著問：「你英文好嗎？」

她卻回答我：「我的英文還好！」

我問有英文檢定嗎？她說沒有。

我告訴她進入航空公司的英文檢定標準，接著我說：「請你用英文做三分鐘的自我介紹。」她根本說不出來，我猜想可能是因為緊張，但也可能是英文不怎麼好。

經過半年後，這位美女在我當時經營的部落格私訊給我：「謝謝老師告訴我考空姐該有的英文檢定標準，經過補習後，我第一次多益考 650 分，我會繼續朝目標前進。」

上面是英文的例子，專業也是，未來工作上要用到的專業，你有沒有好好學？

不管你是不是應屆畢業生，我建議可以透過 SWOT 分析來盤點自己的強項和弱點。首先在紙上畫下一個「田」形圖，四個空格分別是：S（Strengths 強項）、W（Weaknesses 弱點）、O（Opportunities 機會）、T（Threats 威脅）。

你必須靜下心好好想想，你有哪些強項、哪些弱點？寫越多越好，但至少寫出三個最大的強項、三個最大的弱點。寫完之後，看看怎麼找到可以發揮這些強項的事（可以是打工，也可以是比賽）？發揮強項，一定可以把這些事做得很好，這樣就能為自己建立信心了。當然，如果是用你的弱點來做事，肯定會很挫折的。

透過「SWOT 分析」
盤點自己的強項和弱點

S（Strengths 強項）	W（Weaknesses 弱點）
O（Opportunities 機會）	T（Threats 威脅）

　　我因為大學聯考嚴重失常，心情一度非常低潮，後來我認清楚這樣的心情無濟於事，於是開始振作起來。我的大學學業成績非常好，畢業典禮時是領全系第一名畢業的獎狀。

此外，我也參加了學生會、校友會、畢聯會等社團，並在北海岸雜誌、中國廣播公司、幼獅廣播電臺、淡江新聞電視臺等單位實習過。我還打了很多工，每個面向的學習與體驗，都可以讓我更清楚自己的強項與弱點，也因為這樣，讓我越來越有自信。

　　我是低著頭走進大學，抬著頭走出大學的。我想告訴你：「大大的成功遙不可及，從小小的努力做起。」

8

沒有實習經驗的社會新鮮人，會遇到什麼挑戰？

» 「實習」是履歷表的關鍵字！

　　到校園進行就業講座時，我常被問到：「校內沒有相關實習資源，因此有些無助……」、「沒有實習經驗的社會新鮮人，會遇到什麼挑戰？」時代在變，企業的經營方式在變，當然用人的思維也在變。根據《Cheers 雜誌》調查，「除了學歷外，哪些因素有助於提高新鮮人的錄取率？」排名第一的是「**企業實習經歷**」。

　　我必須好好説説什麼是「實習」，因為不少學生搞不清楚什麼是實習。實習是把你學校所學的應用出來，就是實務練習。如果你大學讀的是財經系，到加油站工作並不是實習，到銀行打工才是實習；如果你大學讀的是傳播系，到便利商店打工不算實習，到媒體打工才是實習。

　　有些學生説對自己就讀的科系不感興趣，以後也不會走這

個方向，如果你這麼確定的話，可以找一找未來要走的方向的實習機會。如果學校沒有相關的實習資源，自己也可以去找。

某國立頂大在學生實習前，找我替他們上一系列的職場課程（職場態度、職場溝通等），下課時我跟學生閒聊，才知道原來學生必須自己找實習機會，而且是必修的。

這些學生真不簡單，暑假實習結束後，他們舉辦成果發表會，並且邀請我參加。學生透過實習更認識自己和未來的方向，有些學生説，他們更堅定的朝目標前進；也有些學生説，他們發現自己不太適合這個方向，需要趕緊再找別的方向。

我常跟學生説：「在那邊想、在那邊煩，不能解決問題，去嘗試、去體驗，才能找到解答。」

公司給實習生的任務，會根據實習生的表現而定，這是我在當實習生和實習生主管時所親身體驗的。我的系上規定大三升大四暑假必須實習，我提前在大二升大三的暑假，就被派到當時廣播龍頭的中國廣播公司實習。

我實習的單位是節目部，幫忙一位主持人準備節目相關的資料和音樂，沒想到主管多給了我一項任務，我在很快的時間內完成了。主管跟我説：「之前的實習生都沒辦法完成，你很棒，你來實習還有沒有想學什麼？」

我鼓起勇氣跟主管說：「我對節目有興趣，也學到了很多。但我對新聞也很有興趣，不知道有沒有可能也到新聞部去實習？」

主管說，這要看新聞部願不願意接受？他當著我的面立刻打了電話到新聞部詢問，讓我順利到新聞部實習，而我也破例成為暑假在兩個部門實習的實習生。在新聞部實習結束前，帶我的記者讓我單飛，我自己跑了孫越叔叔息影的新聞，真是非常的珍貴。在中廣實習的經驗，還讓我獲得 100 分的分數。

除非你已經是大四下學期的學生，否則我都希望你積極找實習的機會，不要只靠學校安排，也可以透過親朋好友的介紹，或是自己毛遂自薦。如果沒有實習的經驗，在面試時立刻會遇到挑戰，如果主管問你：「你大學四年為什麼沒有實習？」你要怎麼回答呢？

我大學的那個年代，實習是沒有薪水的，但為了增加自己的實作能力，除了系上規定的實習外，我還額外考了幾份實習。現在的實習大多是有薪水的，真是幸福啊！

加油！**透過實習，踏出你與職場接觸的第一步！**

9

畢業後想創業，要怎麼開始？

» 創業難，先就業再創業！

「創業」一直是年輕人詢問度最高的職涯問題，尤其是大學生。「畢業後想創業，要怎麼開始？」、「畢業後若想創業，建議需要具備什麼能力？」、「想創業，但目標不明確怎麼辦？」、「想創業，但沒有錢怎麼辦？」、「如果要創業，應該一邊工作一邊創業，還是要存到一筆錢才開始？」

你也想創業嗎？

如果你也想創業，你得先通過我的兩個問題，第一個問題：「要創什麼業？」這一題通常打敗一半以上的提問人。另外，那不到一半的提問人，大部分說得很模糊，於是我會問：「可不可以說清楚一點？」他們就縮了回去。

只有極少數目標很清楚的提問人，我會接著問：「你對這個行業有多少瞭解？」能回答得出來的沒幾人。對於創業目標

不明確，怎麼有辦法創業？

　　第二個問題是：「創業的錢從哪裡來？」很多提問人都回答：「跟家人借。」我一聽就笑了，對於畢業後立即創業，家人恐怕阻力多於支持吧！

　　我不是反對大學生畢業後馬上創業，而是創業並沒有想像中容易。我建議把創業當成畢業後五到十年的目標，清楚自己要創什麼業，到那一個行業學習，也要有相關的社會歷練。五到十年可能存了一些錢，不需要跟家人借，家人也可能不會那麼反對了。

　　年輕學生一窩蜂想創業，跟年輕人的特質和社會氛圍有很大的關聯。現在的年輕人自主意識高，喜歡自由度高的工作，社會上也鼓勵創業，「七年級生五萬元創業，黑糖磚年銷四千萬元」、「八年級生創業賣炸冰！砸十萬滾出千萬營收」，這類的新聞經常被報導。

　　曾在媒體工作的我告訴學生，成功的英雄故事媒體才有興趣報導，創業失敗的故事媒體不會有興趣，除非是創業失敗，鋌而走險搶銀行或走上絕路，才會被關注。我的意思是，**並非創業就會成功**。

　　除了上面有關創業的兩個大問題外，創業還需要一個重

要的人格特質或能力，也就是「**自我管理能力**」。什麼是自我
管理能力呢？就是主動做好自己該做的，**創業者的自我管理能
力一定要夠強**。如果你過往的做事方式都需要別人督促、別人
催，你的自我管理能力就相對比較不佳。

　　創業還需要具備什麼能力呢？「創新工場」董事長李開復
提出了十項能力：

　　1. 強烈的欲望；

　　2. 超乎想像的忍耐力；

　　3. 開闊的眼界；

　　4. 善於把握趨勢，又通人情事理；

　　5. 敏銳的的商業嗅覺，即商業敏感性；

　　6. 拓展人脈；

　　7. 謀略；

　　8. 膽量；

　　9. 與他人分享的願望；

　　10. 自我反省的能力。

　　我在 38 歲離開職場，成為自由工作者，也申請了一個
「樂生涯管理顧問」工作室，雖然稱不上創業，但我想了快一

年才做了這個決定。我常説:「年紀越大,在職場異動要更謹慎,因為風險越高。」

37 歲時,我開始問自己:「藍如瑛,人生的下半場你要怎麼過?要在這個工作做到退休嗎?工作對你而言,除了錢之外,你在意什麼?」

想清楚了之後,我又問自己:「離開職場要做什麼呢?」

「我想要成為演説家!」

「説什麼呢?」

於是我離開職場前,利用假日學習職涯輔導並準備考證照。

在早期經營部落格時,最受關注的一篇文章竟然是「職涯顧問這一行」。想要從事職涯顧問這一行,我認為必須有豐富且成功的職場經驗,需要有職場主管的歷練,曾經招募員工、管理員工等。

除了職場經驗外,職涯顧問必須有正向的態度、具備助人熱忱、擅長問題分析、善於察言觀色,當然,良好的溝通技巧是必備的,如能激勵人心那就更好了!在這個重視專業的年代,少不了還需具備專業的證照。

從事這一行不用租店面,也不需要買什麼設備,但是面對

原本上班每月約 7 萬元的薪水歸零，這是一項很大的改變。幸運的是，從事這一行快滿十四年了，我的目標清楚，我是一個高度自我管理的人。

　　根據經濟部中小企業處創業諮詢服務中心統計，一般民眾創業，一年內就倒閉的機率高達 90％！而存活下來的 10％ 中，又有 90％會在五年內倒閉。也就是說，能撐過前五年的創業家只有 1％。看到這裡，你還想創業嗎？如果還想的話，那就勇敢的去吧！

10
一個準畢業生，應該要積極到怎樣的程度才行？

» 只要你夠積極，你就會知道積極是沒有底線的！

　　大多數的學生到了大四，甚至大四下學期，才會開始意識到就業的壓力。但也有一部分大學生相較是比較積極的，他們會問我：「準畢業生應該要積極到怎樣的程度才行？」、「想知道就業前，可以自我充實什麼樣的能力？」2020 年受到新冠肺炎的影響，工作需求兩個月急減 16％，根據人力銀行調查指出，畢業生求職積極度創三年新高。

　　十多年來我經常應邀到大學進行就業講座，在一次演講Q&A 中，一位頂大四年級學生舉手問：「老師，畢業後要怎麼找到工作？」我回答：「恭喜你，你是 X 大生，已經擁有半張通往職場的門票。」

　　學生立刻站了起來：「那另外半張呢？」我對她說：「接下來我問你三個問題，就知道你有沒有另外半張？」

學生坐著點點頭，我開始問：「這四年，你在專業上有沒有好好學習？」因為系主任坐在前排，跟著學生全程聽我的演講，這位坐在最後一排的女生，沒出聲音只有搖搖頭，我接著問：「這四年，你有沒有實習或打工？」

學生搖頭並小聲回答：「沒有！」最後我問：「這四年，你有沒有參加社團並且擔任幹部？」學生大聲說：「沒有！」

學生臉色沉重，她再度站起來說：「老師，學校為什麼不早點告訴我們這些？」我們又互動了幾回，她最後又站起來說：「老師，我想送你一句話。」我想學生該不會要罵我吧，伸手不打笑臉人，於是我笑容滿面的說：「請說！」

學生：「這句話有四個字！」我感覺應該不是要罵我，只是我猜不出是什麼，我繼續笑著，她說：「老師，我想送你的一句話是：相見恨晚！」頓時我很感動，我告訴她：「相見永遠不嫌晚！」這一幕已經是十幾年前的事了。

「**機會是給準備好的人**」這雖然是一句老掉牙的話，相信大家都聽過，但是真正做到的有幾個？

十多年前各大學的就業講座或職涯講座，幾乎都是辦給大四學生聽的，我都苦口婆心跟邀請我的學校說，不要限制只讓大四學生聽，學生能越早接觸越好。

　　2008 年哈佛大學校長伯克（Derek Bok）提出了 21 世紀的八個教育目標，其中一項就是「就業能力」。所以我要提醒你，讀大學就應該為就業做準備，不是等到大四才開始，而是讀大學的第一天就該開始。

　　如果你已經是準畢業生，趕緊確定就業方向吧！如果不知道怎麼找出就業方向，好好在這本書中找到解答。與你就業相關領域的專業書籍，有空拿出來翻一翻吧！還沒有專業證照的，認真準備考一張吧！英文檢定考了沒？有沒有實習或打工的經驗？

　　如果還來得及，寒假或大四下找一份實習或打工也好，聽一聽履歷和面試的講座，好好準備你的履歷和面試。大四若有專題或畢展請好好投入，好的學習成果也可以成為求職的亮點。

　　如果你不是準畢業生，一定要認真規畫並且珍惜你的大學生涯，除了前面所說的，我相當鼓勵大學生參加社團，但是不要只顧著玩社團，其他的部分都疏忽了。妥善的規畫時間，我相信你可以面面俱到，才不會到大四寫履歷表時，要什麼沒什麼，乏善可陳的履歷表，怎麼有辦法獲得職場的主管青睞呢？

　　想要自我充實的話，建議你參考哈佛大學變革領導中心在

2016 年提出的「未來人才一定要具備的七大生存能力」：

　1. 批判思考和解決問題的能力；

　2. 跨網絡協力與影響力領導；

　3. 隨機應變和靈活適應；

　4. 積極主動和勇於創發；

　5. 良好的口頭和文字表達能力；

　6. 接收資訊和分析資訊的能力；

　7. 求知慾和想像力。

　想知道當我是個大學生時，我怎麼積極的嗎？我到現在還保留我大學時親手寫下的努力方向：

　1. 英文；

　2. 專業新聞傳播知識；

　3. 第二專長—國際現勢；

　4. 體力；

　5. 寫作能力；

　6. 國語正音；

　7. 文學素養；

　8. 資訊豐富；

9. 資訊處理（電腦）；

10. 騎車開車；

11. 字跡端正；

12. 形象；

13. 人際關係；

14. 敏銳觀察；

15. 獨立思考；

16. 組織能力；

17. 反應快；

18. 主見；

19. 敬業態度；

20. 虛心受教。

　　我的大學導師用「求知若渴」來形容我，找我擔任研究助理的研究所老師用「態度積極」來形容我。安逸的環境有時反而讓人怠惰，我選擇積極面對，開創屬於我的人生。當積極成為習慣，你會知道積極沒有底線。

11
職涯測驗的結果能做為未來的參考嗎？
» 職涯測驗僅供參考，別讓它決定你的未來！

　　大多數的人都做過一些職涯適性測驗，這些測驗到底有沒有參考價值，很多人問我：「職涯測驗的結果能做為未來的參考嗎？」、「兩份測驗結果有些不一樣，我該參考哪一份？」

　　我無法給你一個很絕對的答案，我必須瞭解是什麼測驗、測驗的專業性如何、何時測驗的、什麼情境下測驗的……等等。職涯輔導是一件很專業的事，不能簡單化讓一份測驗決定你的未來。就像我不斷充實在職涯輔導上的專業，我不只有國內的 CPAS 測驗證照，還有國際的 GCDF 證照和 BCC 證照。

　　不少家長跟孩子之間，為了科系選擇在看法上起了衝突，因而尋求我的協助，希望透過輔導和測驗解決這個問題。我跟一般的職涯顧問不同，我會先瞭解家長和孩子互動的情況，在家長跟孩子關係沒有改善前，我不會冒然接這樣的輔導案。我

不希望孩子是被勉強來的，勉強下可能隨便做做測驗，他可能聽不進我的話，這樣就沒有辦法達到好的輔導效果。

我長期在幾個學校為學生做職涯輔導，不少學生主動報名參加學校的輔導和測驗，主動來的學生是我最喜歡的。

有兩個免費的測驗，是目前使用度較高的職涯測驗，一個是勞動部「台灣就業通」網站上的《職業興趣》測驗，另一個是教育部「UCAN 大專院校就業職能平台」上的《職業興趣探索》測驗。勞動部的測驗結果，若有需要解析，可洽各地就業服務中心；教育部的測驗結果，若有需要解析，可洽各大專院校輔導中心。

此外，也有很多人力銀行推出相關測驗，這部分我就不特別論述。我在從事職涯輔導時，也有我最常使用的付費測驗，我要提醒你的是，不管你做什麼測驗，專業的解析很重要。

我讀大學的年代，還沒有這些職涯測驗，大家對未來迷惘時，很流行算命。我是一個不愛算命、也不相信算命的人，但有一次跟大學室友們逛街，他們突然跑去算命，只有我一個人不想去，他們便硬拉著我一起去。去到那裡，我真是大開眼界，他們都好會問啊！「什麼時候交男朋友？」、「幾歲結婚？」你應該猜得到她們還會問些什麼吧？

最後輪到我時，我被半推半就坐了下來，由於我沒有想問什麼，室友們你一言我一語的幫我問。其中一位很懂我的室友問：「她很愛讀書，想考研究所，考得上嗎？」這時算命先生端詳我的手紋，皺了皺眉頭說：「讀到大學算是最多囉！」

　　那個年代很多人大學重考，我可是應屆考上的。他之前說什麼我都沒注意聽，這一題我倒是聽得非常清楚。我在心裡頭嘀咕著：「等著看吧！等我考上研究所再回來砸你的攤！」

　　或許是江湖半仙算不準，或許是我的性格不服輸，後來我考上研究所，但沒砸他的攤。

　　我常開玩笑說：「金融海嘯時，算命業績成長三成，藍老師的職涯輔導卻沒有成長三成。」

　　好的職涯測驗不只用在協助職涯迷惘的人，還能用在協助企業找到適合的人。好多我輔導的畢業生告訴我，他們到職場面試時，公司要他們做測驗，竟然跟找我輔導時做的是同一份測驗。當然，企業也不會全然憑測驗決定錄取誰，測驗只是對求職者多一份參考資訊。

　　瞭解自己，探索未來的方向，不一定要靠測驗，但如果真的毫無想法，就讓測驗先幫你一把吧！

12
爸爸、媽媽不支持我想做的事怎麼辦？
» 爸媽不是不支持，是你對目標不清楚不堅持！

　　你是不是也有這樣的困擾：「爸爸、媽媽建議我做的工作我不喜歡，又不知道怎麼跟他們溝通？」、「爸爸、媽媽不支持我想做的事怎麼辦？」

　　我在大學教書教了三十年，我很愛問學生：「你們為什麼讀這個學校這個科系？」

　　最多人的答案是：「分數。」

　　聽到這個答案我會問：「你們把未來交給分數決定嗎？」

　　你們猜第二名的答案是什麼？答案是：「媽媽。」看來媽媽的影響力可真大啊！其他答案還有爸爸、自己、同學（朋友）、老師，我相信對於工作的選擇，爸爸、媽媽還是有相當大的影響力。

　　很多學生告訴我：「爸爸、媽媽希望我考高普考，但是我

不喜歡。」也有不少找我諮詢的學生說：「爸爸、媽媽要我回家接家裡的工作，但我不是那麼喜歡，我想出去闖一闖！」這些學生，有些家裡是開家具行、機車行、漁貨，甚至開公司。

如果你不喜歡爸爸、媽媽給你的建議，那麼我要問你：「你要做什麼？」依據過去的經驗，大多數的學生都說不出他要做什麼。

這就是問題所在，因為你不知道要做什麼，父母也會擔心，只好給你一堆建議。所以，你要具體清楚的知道自己要做什麼，並能跟他們溝通，才有機會取得他們的認同和支持。

一位大四的學生找我職涯諮詢，她不清楚自己未來要做什麼，顯得非常焦慮，說著說著甚至還掉下眼淚來。她說她不喜歡自己就讀的科系，所以不知道畢業後能做什麼？

我告訴她：「藍老師很神，你不要考慮可不可能，只要你說你想做什麼，我就會告訴你怎麼實現願望！」

她一聽我這麼說，眼睛立刻亮了起來，她說：「我很想開個花店！」經過一番討論，她找到目標：「到花店工作」，但她說：「我爸媽肯定不會接受這個工作。」說到這裡，她又哭了。

從她口中我更瞭解她的家庭狀況，我鼓勵她，利用母親節

回家先跟媽媽聊這件事。沒想到她後來又來找我諮詢，這次她終於有了些笑容，她告訴我，她鼓起勇氣跟媽媽說想到花店工作，媽媽雖然不支持，但也不反對，而且媽媽願意幫她跟爸爸說。這位學生一直向我道謝，其實我也不知道這份工作是不是如她所想，但總比在那裡焦慮掉淚好，體驗才能得到答案。

　　我小時候想當廣播節目主持人，因此大學時想讀新聞傳播系，偏偏我大學聯考嚴重失常，沒考上想就讀的學校。當時只有四間大學有新聞傳播系，其中一間國立的，三間私立的，那時可以填一百個志願，我只填了八個新聞傳播相關的志願。

　　我曾經掙扎要不要填頂大中文系，但後來決定選系不選校，因此我必須放棄國立大學，就讀私立大學，對於當時家境不好的我是個難題。我是爸爸和媽媽兩邊家族裡第一個讀大學的孩子，我也很想讀國立大學讓他們更有面子，但最後我鼓起勇氣跟爸媽說：「我還是想讀新聞傳播科系，但國立的那間百分之三百不可能上得了，我要讀私立的可以嗎？」這是我從小到大最難熬的片刻，媽媽終於開口了：「你喜歡就好！」

　　我從小是個自律性很高的人，因此爸爸、媽媽非常信任我，我承諾的都能做得到，他們當然會支持我所做的決定。

　　即便是我 38 歲想離開職場，除了跟先生商量外，也跟我

爸爸、媽媽打了電話。媽媽一開始不贊成，她說：「上班較穩定，你之前轉職，薪水被降，好不容易又調高起來，幹嘛要去當什麼自由講師，沒有固定的收入，我覺得不好啦！」

但我跟她說：「媽，您不用擔心，我想清楚了，而且我先生也支持！」媽媽才說：「你想清楚了就好！你們的事自己決定就好！」

理想和現實之間常有衝突，自己的想法和家人的期待也很有可能不同。把你的未來想清楚，好好和父母溝通，我相信他們會支持你的。如果他們仍然不支持，你也可以勇往直前，等到實現夢想時，他們還是會肯定你。

夢想的路上有人支持，你會更有力量。

職涯作戰期

13. 怎麼樣提升求職成功的機率？

14. 怎麼寫履歷？怎麼面試？

15. 我的經歷不豐富，不知該如何寫履歷？

16. 寫自傳好難，該怎麼下筆？

17. 履歷表一定要貼照片？

18. 接到面試電話該注意什麼？

19. 面試時有什麼禮儀和應答細節需要注意？

20. 如何克服面試緊張？

21. 團體面試該怎麼表現？

22. 視訊面試要注意什麼？

23. 面試時如何談薪水？

24. 面試有哪些常問的問題？

25. 想知道履歷和面試常犯的錯誤？

26. 面試時會講話的人很吃香，該怎麼增進表達能力？

13
怎麼樣提升求職成功的機率？
» 越想得到這份工作，越容易求職成功！

　　每位求職者當然都希望成功找到工作，所以「怎麼樣提升求職成功的機率？」、「請問到底什麼樣的人才是主管會願意聘用，才能有機會被錄取？」這一類與順利求職有關的問題，詢問度非常高。

　　2020 年求職畢業季碰上疫情的衝擊，號稱史上最嚴峻的夏天。根據人力銀行統計，有八成六的社會新鮮人，擔心自己找不到工作，出現求職焦慮。所謂的求職焦慮排行榜，榜上有名的包括：不會寫自傳、缺乏專業證照或技巧、外語能力不強、缺乏實務經驗等。

　　怎樣提升求職成功的機率？你應該注意以下幾個重點：

1. **明確職缺投履歷**：方向很重要，想找什麼工作必須明確，一份履歷表投一個職缺。找到方向，是我們在書

中前段論述的重點。

2. **調整對薪資的期待**：很多求職者不是不好，而是希望的待遇超出職缺所能給予的，所以求職者要對薪資行情做足功課。

3. **具備良好的工作態度**：態度一直是職場上非常重視的一環，求職者在履歷和面試中所展現的工作態度至為重要。

4. **具備求職技巧**：加強履歷自傳的撰寫、提升面試技巧，如何行銷自己很重要，是我們後面幾篇將論述的重點。

我常跟求職者說，我不能替你決定方向，也不能替你決定薪水，你的態度也不可能一瞬間改變，因此提升求職技巧（履歷和面試）是最簡單的。只要你認真閱讀本書並落實應用，就能具備更好的求職技巧。

「怎樣的人才是主管會願意聘用，才能有機會被錄取？」這真是個重要的好問題。不過，每個產業或職缺，對人才的聘用還是有個別差異，這裡我所提及的是普遍性的人才觀點。

國內長期進行企業愛用大學生調查的《Cheers》雜誌指

出，2020 年企業在晉用大學畢業生時，重視的有：

- 「學習意願強與可塑性高」（75.3％）
- 「抗壓性與穩定度高」（69.1％）
- 「專業知識與技術」（43.5％）

此外，我認為具備外語和**數位應用能力**，也是企業聘用人才時的重要考量。

根據以上的觀點你必須思考，在你的履歷和面試過程中，如何去展現這些面向？因為主考官沒辦法和每個求職者一起工作，從工作中去發覺哪個求職者才是他們需要的人才，主考官只能從履歷和面試中，找到他們認為的人才。

我曾經看過一份履歷表，在第一頁的專業能力一欄寫了很多電腦軟體，像是 Photoshop、Illustrator、Autocad⋯⋯，但他並不是資訊或設計相關科系，於是在我心中產生了好奇。等我看到第二頁的自傳時，才知道原來這些技能都是他自學的。此時我對他的印象大好，覺得他是個有學習意願與能力的人。

以大學生為例，多數的大學生在大學四年換了很多份打工，但我也認識一些大學生並非如此。一位南部頂大的學生，

他的履歷表上呈現他大學四年都在某知名餐飲業打工，還破例被升為副店長，這就是穩定度高的最佳例證。

專業知識與技術的展現，我認為是最簡單的，包括你的學校和科系、你的成績和競賽、你的證照和實習等。以我為例，我想應徵廣播節目主持人的工作，我大學就讀的是大眾傳播系，主要修課方向是廣播電視，我是系上第一名畢業的，曾在中國廣播公司和幼獅廣播電臺實習，並在幼獅廣播電臺製作和主持了 52 集廣播節目。

想要求職成功？你可以問自己：「我想要得到這份工作嗎？」越想得到這份工作的人，越容易求職成功。

因為在乎，你會用心；因為用心，你會被看見！

金融海嘯時，我提出了「求職彩虹心法」，彩虹有七個顏色，正好對應了求職的七個要因：**專業、心態、技巧、人脈、積極、自信及毅力**。找工作的管道很多，**求職者要多管齊下**，其中，千萬不能忽視「人脈」。根據政府多年的調查顯示，國人找到工作最有效的管道是「親朋好友」，我希望你能勇敢的告訴別人：「我在找工作！」

「求職彩虹心法」掌握求職七要因

求職
彩虹心法

專業　心態　技巧　人脈　積極　自信　毅力

求職不易，要有實力，也要有毅力。

我遇過一位非常有毅力的求職者，他投了 200 封履歷，面試了 26 家公司，終於找到工作，我幫他取了外號叫「毅力哥」。對毅力哥的故事有興趣的讀者，可以上網搜尋「找工作沒難倒他，叫他毅力哥」這篇文章。

接下來，拿出你的學習意願，跟著我一起學習求職技巧：履歷和面試。

14

怎麼寫履歷？怎麼面試？

» 先確定職缺再寫履歷，微笑禮貌自信讓面試加分！

　　找工作，要經過「履歷」和「面試」這兩關。經常有人問我：「怎麼寫履歷？怎麼面試？」、「不知該如何寫履歷是好？」這真是大哉問，這是 Q&A 聽到最難回答的問題，難回答是因為無法用三言兩語說完。

　　根據人力銀行調查，求職者平均要投 21.6 封履歷，才有一次的面試機會，平均面試 11.1 家企業，才有一次錄取機會。換算下來，大概要投 240 封履歷才有可能找到第一份工作，所以履歷真的必須好好寫啊！

　　寫履歷之前，一定要先確定職缺，沒有先確定職缺所寫的履歷，絕對不是一份好的履歷。

　　履歷需要「量身訂做」，量自己的身，量公司和工作的身。如果你打算應徵五家公司，根據量身訂做的原則，就要

寫五種版本的履歷。此外，履歷還需要「**趨吉避凶，勿自曝其短**」，所以，我建議履歷上只寫優點。曾有調查指出，企業看一份履歷平均只花費 34 秒，這凸顯了履歷一定要夠吸睛。

什麼是履歷表？還有很多初次求職者搞不清楚。

履歷表包括履歷和自傳。勞動部網站建議，履歷表可包括個人基本資料、教育程度或學習歷程、工作或社團經歷、專業能力或技能檢定、應徵項目、希望待遇、自傳。

104 人力銀行則是建議，履歷表可包括基本資料、學經歷、求職條件、技能專長、自傳、推薦人。

我個人建議履歷表可包括履歷（應徵職缺、基本資料、照片、學歷、工作經歷、專業能力）及自傳。若是應屆畢業生，可以增加社團經歷或比賽經歷等。篇幅上最好是履歷一頁、自傳一頁。

我要再強調一次，一份履歷表投一個職缺就好。我曾在臺中遇到一位待業者，他一份履歷表，標註了十種職缺。看到這份履歷表的主管，並不會覺得你是十項全能，而是覺得你在亂槍打鳥。

履歷完成後一定要好好檢查，你說自己是個細心的人，履歷中卻錯字連篇，肯定大打折扣。

一位 30 幾歲的上班族，寫好人力銀行的履歷表，好幾個月都沒接到任何面試通知，於是拿來求助於我，我一看，他在人力銀行履歷表上的「希望薪資待遇」竟然是時薪 38000 元到 47000 元，這是我看過最傻眼的錯誤。

　　履歷是求職的敲門磚，好的履歷才有面試的機會。面試是求職的決戰防線，根據調查，企業面試一個人平均花費 19 分鐘，通常面試越久，錄取的機會越大，因此必須沉得住氣。

　　面試就是告訴企業，你是這個工作的最佳人選，因此一定要對職缺有深入的瞭解，也要懂得行銷自己。**微笑是最美的化妝品，禮貌是最佳的包裝，自信是致勝的武器。**面試有時候不只是面試，有時候會有筆試或者性向測驗，有些公司甚至還會電腦操作測試等，因此接到面試電話或訊息時，一定要問清楚或看清楚。

　　緊張，幾乎是每個求職者面試必然出現的狀況，但如果有充分準備，可以降低緊張感。求職者因為緊張而不敢將眼神看向主管，會顯得沒禮貌或沒自信，甚至讓主管覺得你在說謊，這肯定是扣分了。

　　我在苗栗遇到一位待業者，他在就業博覽會攤位上向我請教求職問題，他在跟我講話時，頭低低的都沒看著我，我忍不

住說:「請你抬頭看著我!」他抬頭看著我時,卻又緊盯著我的雙眼,非常不自然,這表示他平常沒有看著人講話的習慣。

　　既然是面試,主管一定會問你很多問題,答題技巧很重要:重點、數字化、具體事例。先說重點再陳述,主管有興趣會追問;多用數據,不要含糊不清;有具體的事例,容易增加可信度。這只是關於履歷和面試最簡單的回覆,光是這樣還不夠,請繼續往下看吧!

15
我的經歷不豐富，不知該如何寫履歷？
» 經歷不必豐富，找出你的亮點！

　　為什麼我希望大學生不要等到大四快要畢業前，才開始瞭解就業這檔事，因為等到要寫履歷表，才知道自己沒什麼東西好寫時，再厲害的職涯顧問也難給你神救援。

　　我實在太常聽到這類的問題：「我工作經驗只有一個工讀，沒有社團經驗，也沒有參與競賽等活動，寫履歷時總覺得乏善可陳，怎麼讓履歷變得生動呢？」、「參與的課外活動不多，並沒有特別亮眼的經歷，在履歷的呈現上略顯單薄，請問要如何展現？」、「我的經歷不豐富，不知該如何寫履歷？」

　　「經歷不豐富」這個說法太抽象，你先靜下心把自己好好盤點一下，你有什麼可以寫的，全部列出來。以職場上班族來說，像是工作、獲獎、專業證照、語言檢定等；以應屆畢業生來說，像是工讀、實習、社團、競賽、研習、志工服務、專業

證照、語言檢定等都是經歷。

盤點後，不是什麼經歷全部放進履歷，**與應徵工作高度相關的、能加分的，才放進去**。因為如果是一直換工作，雖然經歷看起來很豐富，卻不是加分項目。

我曾輔導過一位二度就業的婦女，因為孩子照顧問題，回歸家庭當了數年的全職家庭主婦，再度重返職場時遇到不少阻礙。她的履歷表看起來也相當簡單。我問她：「你只有一份工作經驗嗎？」她說：「對，就只待過這家銀行。」

我詳問才知道，她在這家銀行一共服務了十年，這能凸顯她的工作穩定度，是一個很棒的經驗，我建議她把這份工作的起迄日期寫出來，這樣肯定可以大大加分。

在我進一步的詢問下，又知道她在銀行任職時，曾獲得票選最佳服務人員，這能凸顯她的工作品質，又是個加分項目，這些都是我透過詢問協助她找到的亮點。

大約十年前，有一位高雄的大四畢業生，在演講 Q&A 中問我：「老師，您說履歷上要有的我都沒有，只剩幾個月就要畢業了，我還能做什麼？」這個學生跟大多數的學生不同，大多數學生沒有就沒有，這位學生還想知道能做些什麼？於是我建議他：「你沒有工讀，可以找個短期打工；你沒有社團，可

以組個讀書會和同學一起讀書。」

2020 年受疫情影響，對應屆畢業的求職者來説，號稱史上最嚴峻的夏天，有位新竹的頂大大四畢業生，在諮詢時告訴我：「老師，我和系上六個同學組成讀書會，一起找工作。」他們每個星期聚會一次，彼此分享職缺以及面試經驗。這真是個非常棒的團體，這樣的經驗也可以在履歷或面試分享。

説到這裡，我也要提醒工作多年的上班族，不要為了湊版面，寫一些大學甚至是高中的社團經驗，這真的叫人看了哭笑不得。有一次在政府舉辦的就業博覽會上，一位看起來相當熟齡的民眾，請我幫她看一下履歷表。我一看到她貼著穿學士服的畢業照，履歷表上沒寫出生年月日，便忍不住問她：「你已經畢業幾年了？」她説：「十年。」果然沒猜錯，我建議她不要再貼學士照了。

「經歷不豐富」，除了履歷表看起來不夠充實精采外，背後隱含的問題是，你把時間花到哪裡去了？以學生來説，工讀、實習、社團、專業證照、語言檢定，什麼都沒有，那功課應該很好吧？如果又不是，真的很難自圓其説。

我想告訴你，可以在既有的經歷中找出亮點，也可以創造加分的經歷。

　　如果真的什麼都沒有，談談你的專業能力和軟實力。以超商儲備幹部職缺為例，職缺中列出：「積極主動、顧客導向、決策能力佳、擅於指導溝通與協調、喜高挑戰性工作、對自己有企圖有抱負。」針對這幾個部分，如果正好是你有的部分，你可以放進經歷中，除了增加篇幅，重要的是讓審查履歷的人更認識你。

16

寫自傳好難，該怎麼下筆？

» 自傳不能假他人之手，凸顯與應徵職缺相關性！

　　連續好幾年，我在大學教授《就業學程》或是《共通核心職能》課程時，期末報告就是「履歷表」，並且規定「履歷一頁、自傳一頁」，希望透過期末報告，讓大學生提早把履歷表寫好。

　　但這幾年來，大學生寫的自傳越來越慘不忍睹。此外，這些年我為國中、高中老師們上課時，常聽他們說學生越來越不會寫文章，難怪連自傳也不會寫了。對於常被問到：「不知道要怎麼寫自傳？」、「寫自傳好難，該怎麼下筆？」這樣的問題，我也就不意外了。

　　在職涯諮詢中也有相當高的比例，諮詢者的履歷表只有履歷，沒有自傳，或者是自傳只有少少的一小段（約 200 字）。我再次提醒，履歷表要包含自傳。

　　怎麼寫自傳呢？有不少人把履歷的內容複製到自傳，這樣只會讓人覺得是應付（套句流行用語：是在哈囉），也讓人看了了無新意。自傳就是長篇的自我介紹，就像寫作文般的，建議至少有三段。

　　前面說過，寫履歷表前要先確定職缺，針對應徵的職缺寫履歷表，其中當然包括自傳。所以確定職缺後，一定要仔仔細細看清楚職缺中的各項條件描述。至今我都還記得，2003 年我應徵的職缺是「媒體企劃管理師」，條件為「大學畢，媒體工作二年，善溝通，能獨當一面。」

　　當時，我是研究所畢業，在媒體工作十年，並擔任部門主管六年，善溝通，能獨當一面。我就應該在自傳中陳述，我如何善溝通，如何能獨當一面。

　　自傳可以寫什麼？勞動部網站上的建議是：吸引人的自傳不一定要長篇大論，以 600 至 800 字最佳，內容簡潔有力，抓住重點，可強調個人的專才與公司所需作搭配，容易讓人留下深刻印象，並強調個人對此份工作的期許、企圖心及人生規畫等。

　　關於自傳，我認為最重要的是要段落分明，凸顯與應徵職缺相關的個人特色。分段的重點可以是自我介紹、工作經歷、

個人特質與優勢競爭力、求職動機與工作期許等。切記，不要記流水帳，不要包山包海，更不要抄襲。

字數上，如果企業有規定，請依照企業規定的字數，如果沒有，以 600 至 800 字（A4 一頁）為佳。如果是應屆畢業生，沒有豐富的工作經歷的話，可以增加學習經歷或者社團經歷等。

我建議可以談「職涯規畫」，而不建議談「人生規畫」。我曾看過一份履歷表，該求職者是一位男生，他在自傳最後一段寫著：「如蒙錄取，我將於一年內結婚，兩年內生小孩……」我當下實在很想拿起紅筆批註：「這關我什麼事？」

人力銀行為了協助求職者，提供了很多自傳的範本，然而這很容易變成「天下文章一大抄」。不少求職者因為不會寫自傳就東抄西抄，很多抄襲者經常被我抓包呢！

在求職講座休息時間，包括有留美碩士、留英碩士，都被我發現自傳中有抄襲的現象。試想，主管或人資單位看自傳的經驗都相當豐富，如果你被他發現自傳是用抄的，他還會找你面試嗎？

寫自傳無法假他人之手，因為只有你最瞭解你自己。

一位約莫 30 歲的失業民眾，他只有高職畢業，他利用就

業講座前拿履歷表請我幫他看,而我當下看不出他的履歷表有什麼瑕疵,於是便問他:「這履歷表是你自己寫的嗎?」

他毫不猶豫的說:「是啊!」當我看到自傳的最後一段寫著:「我希望於兩年內成為業務部主管。」

因為我先前問過他,他要應徵的職務是業務,不過他之前沒做過業務相關工作,所以我把這一句話刪掉。沒想到他很激動的說:「老師,你幹嘛把這句話刪掉?這是我花了二千元請人家幫忙寫的!」

我說:「咦,你剛才不是說是自己寫的?」我告訴他,這樣寫企圖心過度了,並不恰當,後來我幫他修改了,他向我連連道謝。

努力寫一下自傳吧!如果你還在學,可以拿到學校的職涯輔導中心,請老師幫你看看。如果你是社會人士,可以拿到各地就業中心請求協助。但有幾項基本功你自己要先做好,首先,不要用火星文、不要戲謔,其次,電腦選字經常發生錯誤,一定要認真校稿。我就看過一位幼教系畢業生在自傳上寫著:「讓我對未來投入幼教工作,滿懷報復心。」

你看出來哪裡錯了嗎?是「抱負」才對啊!「報復」好可怕啊!

17
履歷表一定要貼照片？
» 履歷表要貼照片，但不要 NG 照！

　　關於履歷表的問題，其實多到可以出一本專書了！這裡針對大家常問的履歷表問題做個解答：「履歷表一定要貼照片？」、「一定要有證照嗎？哪些證照重要？」、「一定要有英文檢定嗎？要考幾分？」、「一定要有推薦人嗎？怎麼樣的推薦人比較好？」

　　「履歷表一定要貼照片？」我的回答是：「履歷表一定要貼照片，而且還要符合兩個條件的照片。」

　　曾有一位從加拿大回臺的求職民眾，找我幫忙看履歷表，我秒回他：「你怎麼沒貼照片？」他說：「一定要貼照片嗎？我在加拿大找工作都不用貼照片的。」我說：「不好意思！這裡是臺灣，還是貼照片比較好。」根據 104 人力銀行調查，履歷表上有沒有放合適的照片，面試機會相差三倍之多。

　　要貼什麼樣的照片？**照片必須要符合兩個條件：「專業」、「親切」。** 為了顯示專業，建議穿著正式服裝拍照，表示對這件事的重視。女生瀏海長的，千萬別夾 Hello Kitty 這類的髮夾。我看過很多大學應屆畢業生，喜歡貼學士照或高中校服照，這兩者我都不建議。

　　什麼樣的照片看起來親切呢？相信你一定知道答案，沒錯，就是「微笑」，沒有人喜歡看到臭臉照吧！有些求職者會問：「可以用證件照嗎？」我很難回答你可以或不可以，如果你的證件照符合我上述所說的條件，當然可以。不過，我個人不是那麼建議用證件照，因為女生拍證件照時不能有瀏海，頭髮還要塞耳後面，這樣容易變成大餅臉。另外，切忌不要用生活照和自拍照，這都不夠正式和端莊。

　　我曾應某國立大學邀請，擔任履歷比賽的評審，看了幾十份的履歷表，有兩份履歷表我給了不及格的分數，學校對這樣的分數都感到驚訝。為什麼這兩份履歷表讓我打了這麼差的分數呢？因為他們的照片超級 NG，一份履歷表的照片是一個男生雙手圈抱著一位女生，另一份的照片則是一隻綠蠵龜。如果你是評審，你會給他們及格嗎？

　　「一定要有證照嗎？哪些證照重要？」在人人都能讀大

學的年代，學歷已經無法區辨人才，因此證照的重要性大大提升。如果你讀的是好學校，或許還可以靠著好學校的光環；如果你讀的學校不夠好，那就非常需要證照來為你加點分。

需要哪些證照呢？最好能擁有專業證照和電腦證照。一般來說，電腦證照是廣度最大的，如果能有電腦證照是加分的；至於專業證照，就要看你讀的科系，這部分我相信學校的老師一定很清楚，你可以向學校老師請教，像財經系的就業是非常重視證照的。如果想瞭解應徵的職缺需要什麼證照，你也可以做「職缺研究」。

什麼是職缺研究呢？就是利用人力銀行的網站，輸入你想應徵的職缺，例如：餐廳內場。輸入後會有很多職缺出現，你可以印出幾家知名餐廳的餐廳內場職缺，研究一下該職缺的徵才條件。

如果你印出來的職缺都說條件不拘，你就可以鬆一口氣。如果你找的三份職缺中，有兩份提到需要中餐丙級證照，這樣就表示，想進入這一行，你要先努力考取中餐丙級證照。「職缺研究」不是等你要找工作才做，而是越早做越好！

「一定要有英文檢定嗎？要考幾分？」關於這個問題，我的答案是：「一定要有英文檢定，考幾分要看你想進的產業或

公司。」除了上面說的專業證照外,英文檢定也是很重要的。英文檢定的種類很多,目前職場比較關注的是多益(TOEIC),多益滿分是 990 分。

多益每年三月都會公布前一年的成績,以 2021 年來說,全職上班族(全職雇員)考生約占 18.4%,平均成績 577 分;全職學生約占 67%,平均成績 568 分。我在十幾年前就建議大學生至少要有 550 分,頂大學生要有 750 分。**英文檢定不要只以學校畢業門檻為準,而是要以應徵企業門檻為準。**

除了英文之外,日文、韓文等語言也都有相關檢定,尤其是大學讀語文科系的學生,一定要以最高的標準做為自我要求,像日文就是 N1。

當然英文不只是要有檢定,還要有應用的能力。有位頂大學生告訴我:「老師,我的多益雖然有 800 多分,但那是不斷刷出來的,我覺得自己的實力沒有這麼好,尤其是聽和說。」是不是也說中了你的心聲?語言檢定是敲門磚,也是加分項目,但還是要能用得出來。

「一定要有推薦人嗎?怎麼樣的推薦人比較好?」推薦人不是履歷表必要的欄位,但如果人力銀行或公司的表格有這個欄位,建議你不要空白沒寫。

我曾經讓大學生練習寫出兩個推薦人，寫完後我抽問了幾個學生，我看到一位學生寫著 XX 公司經理 XXX，我好奇的問他：「你怎麼認識他的？」學生回說：「是我叔叔！」我聽了有點傻眼。推薦人最好寫過去工作上的主管或者學校老師，同時建議寫推薦人的時候先知會對方，這是基本禮貌。

18
接到面試電話該注意什麼？

» 面試從通知電話開始，禮貌話術一定要！

　　假如履歷表受到青睞，接著就會接到面試通知。很多社會新鮮人會問：「面試都會用電話通知嗎？」、「接到面試電話該注意什麼？」

　　切記！「面試從通知電話開始」，面試通知的方式，每一家公司有不同的作業流程，大多數會以電話通知，規模較大的公司會先以信件通知，再輔以電話確認。所以，履歷表上的基本資料（電話、E-mail）一定要正確。履歷表上的電話，除了家裡的電話外，還要留手機。E-mail一定要留你經常收信的那個，如果是應屆畢業生，盡量不要留學校的E-mail，以免畢業後收不到信件。

　　從你接聽電話和回信中，用心的人資或主管會將這些互動過程列入觀察，所以一定要好好應對面試通知電話，也務必要

好好回覆通知信件。

　　我曾在職場幫公司成立客服單位，從無到有，需要招募同仁，我挑中了其中六份履歷表，並請助理安排面試。助理打完面試通知電話後向我回報：「六個人已經通知了五個人，都會來面試。」

　　我說：「另外一個呢？聯絡不上還是不能來？」

　　助理說：「沒聯絡上。」

　　我說：「等等再聯絡。」

　　助理說：「我可不可以不要再聯絡了？」

　　我問：「為什麼？」

　　助理說：「他媽好凶喔！」

　　我忍不住笑了，原來，那位求職者不在家，電話是媽媽接聽的。

　　助理說：「請問黃小明（化名）先生在嗎？」

　　媽媽：「不在啦！」

　　助理：「請問大概幾點回來？」

　　媽媽：「不知道啦！」

　　助理：「還是方便請他回來回個電話嗎？」

　　媽媽：「他很少跟家裡聯絡。」說完立刻掛斷電話。

　　我聽完了助理的描述後，心想那這位求職者連跟家裡的互動性都不怎麼好，應該也不是我想找的人，於是我同意助理，不必再打電話通知他來面試了。

　　接到面試電話該注意什麼？除了聽清楚對方所說的話，最好把重點複誦一遍，以免產生錯誤。像是：「林小姐，您剛才說的是 6 月 8 日星期二上午 10 點到貴公司 12 廠面試，對嗎？」如果你對面試有些問題想請教，也可以在這個時候提出，但是要注意禮貌和話術。

　　雖然我說有些問題你可以請教打電話通知你面試的人，但別忘了，在網路上可以查到的資訊千萬不要問，譬如：「請問要怎麼到貴公司？」這會顯得你不夠用心。所以在投出履歷前，你應該對這家公司先做足功課，如此不僅能幫助你寫出好履歷，還能因應面試的需要。

　　我建議你要問清楚面試流程，還有可以請教需要帶什麼東西？有些公司面試前會先筆試或者做性向測驗，雖然這樣的測驗都在考實力，但先知道總是可以有些心理準備或抱抱佛腳。

　　我還記得，我應徵最後一份工作時，投履歷表到研究機構，那通面試通知電話我竟然講了超過半小時。不知道是不是這樣的關係，讓我自信心十足，後來真的也錄取我了。

為什麼要問清楚面試流程？這樣才能知道面試的每個環節，也可以知道面試大概需要花多少時間。以我上面提到的經驗，人資告訴我筆試（國文／英文／性向測驗）完的人優先面試，我的策略就是趕快寫完筆試，搶先面試，希望搶得先入為主的好印象。

我要提醒你，面試期間千萬不要像是趕場作秀，一個上午排一場面試就好，一個下午也是排一場面試就好，畢竟時間不是掌握在我們自己的手上，難免有些突發狀況，不要把面試行程排得太緊。

有一次，我從高鐵搭接駁火車在我家附近的小火車站下車，遇到一位穿黑西裝、白襯衫的年輕女生，我直覺她就是要去新竹科學園區面試的，她有些慌張的問我：「請問這裡怎麼到竹科？」面試早一點出門，時間充裕一點，事先研究好交通路線，非常重要。

19

面試時有什麼禮儀和應答細節需要注意？

» 服裝好買，禮貌難學！說重點，舉事例！

　　每次當有人問我：「面試需要注意什麼？」、「面試時有什麼禮儀及應答細節需要注意？」這些人大多數是接到面試通知了，我都會先跟他們說聲：「恭喜！」因為在眾多的履歷表中獲得青睞真的不簡單。面試會是「見光死」還是「人見人愛」？取決於你的準備。

　　面試是一場心理戰，自信是致勝的武器。怎麼才能有自信？「知己」、「知彼」和「選擇」。瞭解自己，能說出自己的專長和優點；瞭解職缺，能說出對工作的想法和做法、能說出為什麼要選擇這份工作，和能說出為什麼你適合這份工作。如果你能說得出以上的內容，面試就難不倒你。

　　禮貌是最佳的包裝。面試該注意什麼禮儀？先從面試的服裝儀容說起吧！面試時建議穿正式服裝以表示重視。正式服裝

大家應該都清楚，但頭髮和女生的化妝上要注意，頭髮的髮色不要太標新立異，女生不要化太濃的妝。再來就是「準時」，比約定好的時間提早約 10 到 15 分鐘抵達，最好先到大樓的化妝室整理服裝儀容，再到公司報到。

很多企業都反映，現在的社會新鮮人連最基本的「準時」都做不到。根據勞動部的調查，新鮮人求職面試，企業最討厭爽約或遲到。

面試應答該注意什麼細節呢？記住！微笑是最美的化妝品，應答時要看著面試的主管，不要無表情無笑容，主管說話時，不要表情透露出不感興趣的樣子。

應答的態度很重要，誠懇、不要太輕浮。我發現八年級生很省話，請他們用三分鐘做自我介紹，大多數只說了 13 秒「我是黃小明（化名），XX 大學企管系畢業」，回答內容過於精簡或是空泛都不理想。

在前面我提過，**答題技巧很重要：重點、數字化、具體事例**。這部分很重要，再強調一次。

一位臺中的大學應屆畢業生，原本打算找我進行履歷健診，但後來知道她後天就要回臺北面試找工作，我趕緊利用短短的十幾分鐘，跟她進行模擬面試。沒想到過幾天收到她的感

謝留言：「周四北上面試工作時，我常提醒自己，記住老師您給的小提醒：1. 不要緊張；2. 説話要擅長舉例、有憑有據；3. 坐姿、禮儀；4. 眼神的專注；5. 微笑；6. 態度。最終，很幸運的我如願得到這份工作機會。非常謝謝老師！非常感謝老師您給我的建議以及鼓勵，老師您給予的不僅是專業，也告訴我作為社會新鮮人面對工作與求職態度的重要性。謝謝您！這封訊息單純的想傳達感謝之意，也分享我的喜悦給您。」

　　這位學生進來諮商室只有半小時時間，一次面試就成功，還沒畢業就找到工作，只能説她很認真、很受教。面試相關的禮貌、態度、表達能力、應變力等，都非一朝一夕可以變好的，只有服裝可以前一星期，甚至前一天準備。我常説：「**服裝好買，禮貌難學。**」所以建議你平常就該好好養成你的禮貌、態度、表達能力及應變力。

　　我常説：「網路時代沒有笨蛋，只有懶蛋。」

　　如果你夠認真，網路上有很多面試的「考古題」夠你練習了。大約十年前，有一家 U 字頭的日本服飾公司登陸臺灣，引起了一股風潮，好多大學畢業生都想到那家公司應徵，沒想到有人就把這家公司的面試題目背下來，寫在網路上。

　　我把這訊息告訴學生，好多學生都跟我説：「老師，您好

厲害，什麼都知道！」不是我厲害，只要你夠認真，你也可以知道很多事。

　　面試不只是主管問你問題，主管也會問你，有什麼問題要問他，他想知道你是不是有備而來。我要再次強調，企業網站上能查得到的資料千萬不要問，這樣只會曝露你沒做功課。

　　曾有媒體報導，有求職者面試時問主管：「上班後可以遲到嗎？」這真是天兵啊！

　　也曾有新竹科學園區主管告訴我，竟有求職者面試時問：「中午要到哪裡吃飯？」這也讓人超傻眼啊！

20
如何克服面試緊張？

» 克服面試緊張，準備準備再準備，練習練習再練習！

　　面試是求職的決戰關鍵，因為實在太重要了，所以很容易緊張，當我被問到：「如何克服面試緊張？」、「面試很緊張該怎麼辦？」我都會先回答：「面試一定會緊張的！」

　　有位頂大的學生問我：「老師，我要找實習，可是我沒有面試過，覺得很緊張，怕自己表現不好。」

　　我說：「你都沒面試過啊？」

　　她說：「對啊！」

　　我說：「你當初是怎麼進來大學的？學測還是指考？」

　　她說：「學測。」

　　我說：「學測通常都有面試啊！」

　　她恍然大悟說：「對喔，我都忘了！」

　　回想一下，你或許沒有求職面試的經驗，但可能有其他的

面試，所以當你不是零經驗，緊張就會少一點點。

如果真的毫無相關面試經驗，我會問：「你擔心什麼？」

通常求職者會回答我：「我覺得自己不夠好！」

我會繼續問：「你哪裡不夠好？」

知道自己哪裡不夠好，花點時間改善就好。有些求職者會回答我：「怕面試的問題不會回答！」

我前面說過，面試常見的問題網路上都有，你可以印個50 題好好準備。如果你改善了自己，如果你做了準備，面試的時候就比較不會緊張。

但是緊張也不太可能完全去除，有幾個方法提供給你。首先，面試前幾天一定要規律作息，才能讓自己的精神狀況好一點，尤其是前一天好好睡個覺。再來，面試當天提早出門，時間別掐太緊，萬一有突發的意外，你肯定會更緊張。到面試的公司大樓，先到洗手間整理服裝儀容，看著鏡子擠個微笑，然後告訴自己：「我可以的！」

最後，在進公司前做幾個深呼吸，你可以練習一下減壓「4-7-8」呼吸法（步驟 1：慢慢用鼻子吸氣後，默數 4 秒；步驟 2：摒住呼吸 7 秒；步驟 3：緩緩從嘴巴吐氣，並默數 8秒）。

　　我曾經看過求職者不少緊張的現象，有些求職者會捏手，有些求職者會冒手汗，甚至有求職者會搓耳朵。有次在為失業民眾進行模擬面試，我和三位學員做面試演練，另外幾位學員觀看並記錄。

　　演練結束後，我對其中一位男學員說：「黃先生，你面試時不要轉筆！」

　　這位男學員說：「我沒有轉筆啊！」

　　這時一位觀看的女學員舉手說：「黃先生，你有轉筆，而且掉了六次！」

　　只見這位男學員頓時面紅耳赤。

　　其實，有些緊張下的小動作，當事人可能緊張到不自知了！但這些小動作，可能是面試的扣分項目。怎麼避免這些小動作呢？最好的方法就是找人練習。許多的大學也都有辦理模擬面試，如果你還是學生，可以利用學校的資源，協助自己提升面試技巧；如果你已經不是學生，可以找有相關經驗的朋友協助練習。

　　依據我多年當面試主考官的經驗，面試者的緊張最容易出現在眼神和手。眼神的部分，平常跟人互動溝通就要看著對方的眼睛，面試時就比較不會有飄浮不定的現象。手的部分，建

議面試時放在雙腿上，如果放在桌上，容易透露出不必要的緊張訊息。

　　想減少面試的緊張，不只是靠面試經驗，如果平常多一點上臺報告的經驗，也能讓你在面試時降低緊張感。

21
團體面試該怎麼表現？

» 團體面試，全神貫注全力以赴！

面試的型態很多，不只是一對一的面試，也有一對多、多對一和多對多的面試。只要應試者是一個人以上，就可稱為「團體面試」，簡稱「團面」。「團體面試該怎麼表現？」是很多人會問我的問題。

首先，先瞭解一下為什麼會採團面？通常應試者眾，為了節省時間會採取團面；還有一些比較低階的工作，也比較會採團面；為了同時比較應徵者，也可能採團面。

團面，當然比較有壓力，因為有其他的競爭者在現場。有一位應屆畢業生跟我分享他參加團面的經驗，他說，在團面第一輪是自我介紹，他聽到其他應試者都是臺、清、交、成的學生，他就心慌了。聽到最後，只有他一個人不是臺、清、交、成，他頓時覺得沒希望了。

　　我告訴他：「你要覺得自己很棒啊！竟然跟他們一樣好，才能參加這場面試！」切記「面試是一場心理戰」，心理素質強大，勝算就很大。

　　團面該怎麼表現？有些企業會採取搶答的方式，觀察哪位應試者反應快又積極。因此，你一定要勇於舉手。第一個舉手的，肯定會讓主考官印象深刻，但也要問題答得好。

　　我建議你不見得要搶第一，但最好不要每題都是後面回答的那幾個。還有，千萬不要回答：「我的看法跟剛剛那位一樣。」這樣的回答方式，不只沒有自信，也不夠積極。就算你的答案跟剛剛那位一樣，請你還是用你的表達方式說一遍。

　　看到這裡，不要以為團面不錯，先聽聽別人講，再改一下就有答案。為了避免這樣的狀況，有些團面也會採指定回答。像是，「這一題，請從右邊的應試者開始回答。」這時候你可能就成為第一個答題者，因此不能高興得太早。

　　還有，團面有些時候一個梯次太多人，應試者會覺得無聊，一副心不在焉的模樣，切記，主考官隨時都在觀察所有的應試者。以前我在當團面的主考官時，我還會一個回馬槍，突然點名其中一個應試者：「針對這個問題，你有什麼看法？」有些應徵者被嚇到：「嗯……是什麼問題？」這樣的反應，顯

示你剛剛真的是在狀況外。整個團面不管時間多長，你一定要全神貫注。

有學生會問我：「團面時遇到認識的同學，是不是該讓一下？」面試就是考試，你就認真的考你的試，你要全力以赴，該不該讓，這些問題你不必想。

說到這裡，你一定要小心看面試通知信，信件上面若說是團體面試，你就要做好心理準備，複習一下我提醒你的注意事項和技巧。

如果你收到的只有電話面試通知，你可以禮貌的請教對方：「請問面試是一對一的面試？還是團體面試？」有些面試第一次面試（簡稱：一面）是一對一，第二次面試（簡稱：二面）才採團體面試。所以，如果有疑問或有擔心，你事先一定要問個清楚。

22
視訊面試要注意什麼？
» 視訊面試，練習才會熟悉！

　　史無前例的全球性新冠肺炎來襲，對全球經濟造成巨大的衝擊，就業市場當然也受到影響，而視訊面試也成為了求職的新趨勢！「視訊面試要注意什麼？」、「聽到要視訊面試好緊張啊，要怎麼應對？」別擔心，問我就對了！

　　我在 2019 年推出視訊職涯諮詢，替加拿大留學生、臺東失業民眾、高雄轉職民眾等遠地的民眾，進行視訊職涯諮詢。沒想到 2020 年新冠肺炎來勢洶洶，各校紛紛取消就業博覽會，或改採線上方式辦理，我也和學校合作，為應屆畢業生進行視訊職涯諮詢，也替在學學生做全校性的直播演講。

　　「線上面試」通常指的是用通訊軟體進行面試，可能只是聽到聲音；「視訊面試」則是看得到影像的面試。因此，面試前最好先問清楚，兩者的準備是非常不同的。

視訊面試要注意什麼？對於一般面試注意的事項，當然是同樣必須先學會的，這裡僅就比較不同的地方做說明。

首先要「**確認設備**」，因為必須透過設備才能進行視訊面試，所以你必須確認你的網路是否穩定，你的相關設備是否正常？一定要在視訊面試前三天，進行實際測試，若發現有狀況或問題，才有時間處理。

視訊面試時建議使用桌機比較穩定，如果要用手機，一定要有手機架，千萬不要徒手拿著，這樣視訊的畫面容易晃來晃去的，讓主考官看得很傷神，也會覺得你的用心度不足。

再者，「**慎選環境**」，建議找一個安靜整潔的環境。有些應屆畢業生會選在寢室（宿舍或租屋處）進行視訊面試，我覺得不是很好的地點，因為宿舍的凌亂，可能不小心就入鏡了。還有人會選在星巴克等咖啡店，我也覺得不恰當，可能有一群客人突然進來，讓環境變得很吵雜。

曾有一位找我視訊的職涯諮詢者，因為在家裡待業，怕家人知道她花錢做職涯諮詢，但是她找不到適當的地點，後來居然在公園跟我進行諮詢。由於室外的噪音不小，我聽她的聲音聽得很吃力，過程中不斷重複問：「你剛剛說什麼？」

後來她找到一個噪音比較小的角落，但是過沒多久就有外

人來了。由於她不想讓別人聽到，於是只好邊走邊跟我諮詢。雖然我事先提醒她要找適當的地點，但最後還是這樣的情境，這真不是一個好的諮詢經驗啊！

第三，「注意燈光照明」，在選擇環境時，也要考量明亮或燈光照明，環境如果符合安靜整潔，燈光照明可以設法加強，像是把窗簾打開，或者加一盞燈等等。

因為我有提供視訊職涯諮詢的服務，因此我還學網紅買了一組桌燈加強照明。在做視訊面試和職涯諮詢一樣，都希望看清楚對象的臉部表情，因為可以從表情讀到很多非語言的訊息。

第四，「強調聲音和反應」，視訊面試由於是透過網路傳輸，因此聲音必須維持一定的音量，口齒要更清晰，可以多一點點頭等反應輔佐，讓主考官接收到更明確的回應與訊息。此外，還要提醒你，眼睛務必要看著鏡頭，如果你使用手機，注意眼睛要看的是鏡頭，而不是螢幕。

說了這麼多，如果你還沒有視訊面試的經驗，建議你找個人練習吧！與其因為對視訊面試陌生而緊張，不如找個時間熟悉一下。

　　在疫情之下，不只線上招募、線上面試、視訊面試因運而生，連面試考題都與之相關，像是某金融業的面試考題：「針對新冠肺炎疫情，如何透過創新服務，做好客戶服務與關懷？」你想好怎麼回答了嗎？

23

面試時如何談薪水？

» 不主動問薪水，準備好希望待遇！

　　在面試問題中，求職者最關心的應該是薪資。「面試時如何談薪水？」、「面試時主管問我薪水，我該怎麼回答？」其實薪資的問題，有些公司在職缺上已經寫明，看職缺時要看清楚。還有你在人力銀行或者公司履歷表上的希望待遇這一欄，你應該已經填了期望薪資，你可不能忘了自己當初怎麼填的。

　　先說說履歷表上若有「希望待遇」這一欄，你該怎麼填寫。我的建議是，如果你是應屆畢業生、二度就業者或轉行者，填「依公司規定」會是比較妥當的。

　　若你是經驗比較豐富的轉職者或是主管，則不妨填上「面議」兩個字。當然，如果你做足了功課，對該職缺的薪資非常瞭解，可以填一個具體的希望待遇，建議以範圍的方式呈現為佳，像是：55000 元至 58000 元。

你在履歷上若填了希望待遇，面試時你要記得你當時填了多少，千萬不要有不同的版本出現。

接下來，談談面試時如何談薪水？我建議**面試不要主動問薪水和福利**。以我在職場最後一份工作為例，第一次面試六位應試者，筆試後逐一進行面試。面試時主管沒有跟我談到薪水，我也沒主動問薪水。人資通知我，一面的結果是第一名，必須跟大主管進行第二次面試。

二面的兩位正副主管，管理 500 多人。到了面試最後，正主管跟我說：「藍小姐，我不問你的薪水多少（我當時還在職），我想我們應該付不起，不過我們對你很滿意，很歡迎你加入，公司會依照你的學經歷來聘用你。」這是我工作十幾年來，遇過最高招的談薪水方式。

不過，當主管主動跟你談薪水時，你還是要有所準備，通常主管在面試最後時會問：「你對薪水有什麼期望？」

這時候是菜鳥的你，當然可以回答「依公司規定」。大多數主管聽到這個答案，應該笑著回答：「很好。」這時如果是我，我會問：「我可不可以請問一下，不知道這個工作，公司會給多少薪水？」

但是也有些主管聽到「依公司規定」時，會覺得你很沒有

想法，他會問：「可不可以給我一個你的希望待遇？」

此時這就回到我前面所提到的「做功課」，你必須針對你應徵的職缺，還有依據你的學經歷，合理的薪資是多少，先有所瞭解。怎麼做功課呢？人力銀行通常都有相關的薪資調查可查詢，此外還可以請教相關前輩。我跟求職者演講時常說：「薪水說太少對不起自己；薪水說太多嚇到主管。」

當然，有自信或有籌碼的求職者，可以採取更積極的方式談薪水。前面提到我的最後一份工作面試情形，後續如下：

主管：「藍小姐，我不問你的薪水多少，我想我們應該付不起，不過我們對你很滿意，很歡迎你加入，公司會依照你的學經歷來聘用你。」

我：「謝謝主管的賞識！我想請問一下，依照我的學經歷貴公司提供的薪資是多少？」

主管：「這個人資會去核算，我不是那麼清楚（他是管500多人的大主管）。」

我：「可不可以給我一個大約的數字？」

主管：「你是碩士，十年工作經驗，大約 4、5 萬元。」

我：「真的跟我現在的薪水差距非常大！我很感謝主管們願意給我機會，我很希望能到新竹工作，一家可以團圓！但如

果薪水沒有 5 萬元，我真的沒辦法接受，謝謝！」

面試結束了，我還是不知道我的薪水多少。直到隔天人資電話通知我報到，我才問了我的薪水。

你猜我的薪水多少？

24
面試有哪些常問的問題？
» 自我介紹，是最難的面試問題！

　　對於求職履歷和面試，一般人通常對履歷比較不擔心，因為不知道怎麼寫，還可以請教別人。但是對於面試，因為無法事先知道面試題目，因此擔心的程度較高。所以，經常就有人問我：「面試有哪些常問的問題？」、「面試通常主管會問什麼？」

　　我在前面提過，網路時代沒有笨蛋，只有懶蛋。只要你上網搜尋，可以找到許多面試考古題、面試陷阱題和最難的面試題等等。

　　勞動部網站上也提供了面試考古題：

　　1. 請簡單的自我介紹。

　　2. 您認為自己的優缺點分別有哪些？

　　3. 您認為工作中最重要的是什麼？

4. 您如何調適工作壓力？

5. 欠缺工作經驗的您，如何勝任這份工作？

6. 對於這份工作的期望是什麼？

7. 您有什麼問題想問的嗎？

依據我的職場及職涯輔導經驗，面試問題主要可區分以下幾個部分：

1. 關於個人（自我介紹、專長和優缺點、工作經驗、前一份工作的離職原因等）。

2. 關於對工作的認知與動機（應徵這份工作的動機、與工作相關的經驗、對工作的看法、為什麼我們要錄取你等）。

3. 關於期望（薪水、錄取後可上班時間、這份工作打算做多久等）。

4. 與工作相關的時事題。

5. 有什麼想問的問題？

求職者覺得最困難的問題，你猜是什麼？根據調查，竟然是「自我介紹」，90％主管會請求職者做 3 到 5 分鐘的自

我介紹，以便快速瞭解求職者，也觀察求職者的組織和表達能力等。因此，包括自我介紹在內的常問問題，你必須要準備與練習。

而根據我的經驗，求職者最常問我的是這道難題：「為什麼從前一份工作離職？」尤其是被裁員的民眾，針對這個問題，經常苦思不知道該如何回答。你也很想知道這題的解答嗎？歡迎到我的演講現場問我。

網路上你還可以搜尋到，針對產業別的面試考古題，像是媒體整理的「服務業面試必考 10 大問題」：

Q1：為什麼想進服務業？

Q2：你曾經有哪些機會發揮領導力？

Q3：你知道做這一行很累嗎？

Q4：你想從事什麼職務？

Q5：你認為過往的工作經驗，哪些可以運用在新工作上？

Q6：你做過最瘋狂的事？

Q7：被服務的經驗中，有讓你印象深刻的嗎？

Q8：遇到挫折，你如何調適心情？

Q9：你容易讓人親近嗎？

Q10：你曾遇到最大的挑戰？

　　在各行業中，也有專門為找工作成立的補習班，最為人知的就是「空服員培訓補習班」，整套的求職培訓，包括面試考題等樣樣俱全，儘管費用高昂，但聽說生意非常不錯。不過 2020 年受到疫情衝擊，一向超夯的空服員培訓補習班，自然也大受影響。

　　除了常見的面試問題外，面試也會遇到一些稀奇古怪或探人隱私的問題。許多求職者曾跟我分享讓人超傻眼的面試問題。例如一位臺北市的求職者到講臺前告訴我：「老師，我面試時曾被問過：『你 34 歲了怎麼還沒結婚？』」你聽了是不是也超傻眼的？也有不少婦女被問到：「家裡的小孩是誰在照顧的？」還有主管看到履歷表上寫著：「家裡成員有我和媽媽及妹妹……」就問求職者：「那爸爸呢？」

　　別忘了，你在履歷上所寫的內容，都可以成為主管問你的問題！我曾問求職者關於履歷上的問題，有些求職者支吾其詞，或者思考很久，我都會懷疑這份履歷表是他自己寫的嗎？記得**面試前要熟讀你的履歷表**！

25
想知道履歷和面試常犯的錯誤？

» 履歷不假造，面試不遲到！

　　履歷表是求職的敲門磚，面試是求職的決戰防線。每位求職者都想順利找到工作，如何避免不必要的錯誤，是很多人關心的問題，「想知道履歷和面試常犯的錯誤？」、「履歷和面試要避免怎樣的錯誤？」

　　履歷和面試誠實為上策！聽過我履歷表撰寫技巧講座的人，一定記得「趨吉避凶，勿自曝其短」，這不是要你騙人，而是要先把自己的優點強項呈現在履歷表上，爭取面試的機會。我自己在寫履歷表時，也是只寫出優點。

　　面試時，主管如果問我：「藍小姐，你的優點很多，請問你有什麼缺點？」這時候當然要說出自己的缺點了。不過我告訴聽講的學生：「講缺點要講殺傷力小的！」這些應對技巧，都不違背誠實原則。絕對不能假造學歷、假造經歷等！

以履歷來說，常見的錯誤就是沒寫自傳，其次是沒貼照片，還有忘了寫「應徵職缺」。自傳和照片的重要性，在前面已經說過。而忘了寫應徵職缺，最可能錯失面試機會，因為公司若同時招募各種職務的人才，你卻沒有寫應徵職缺，人資怎麼會知道你要應徵什麼工作？他不可能還特別打電話詢問你。

我在電視臺擔任部門主管時，當時的人資拿應徵者的履歷表給我，我第一眼一看，根本沒有寫應徵職缺，當下就拒收了這份履歷表。好心的人資說：「主任，您要不要看他自傳裡面有沒有寫？」我說：「不必了！」一來實在沒有這麼多時間，再者，這麼粗心的人怎麼適合做新聞工作呢？

以上是比較重大的履歷表錯誤，其他諸如錯別字一堆和抄襲，也是現在履歷表常見到的錯誤和問題。

以面試來說，面試爽約或遲到，是最嚴重的錯誤，但卻也是這幾年來社會新鮮人經常發生的狀況。其次，穿著邋遢或是不合宜，也是面試重大的錯誤。有一次我到內湖一家大企業演講，我在大廳等著承辦人員來接我，幾分鐘後，一位略比我年輕的女士，在我附近的椅子坐了下來。

沒多久，一位穿著正式的男士走了過來，趨前對著我說：「你是來面試的嗎？」

我回答：「不是，我是來演講的。」

　　男士向我道歉後往另一位女士走去：「你是來面試的嗎？」原來那位女士是來面試的，我不知道她應徵什麼職缺，但她穿著牛仔褲和涼鞋（露出腳趾和腳跟）。從這位負責招募的男士的反應，你就可以知道，這位應試者的穿著不合宜。

　　我在職場當主管這麼多年，面試當下遇過最傻眼的錯誤，就是應試者手機忘了關，面試過程中手機突然響起，竟然還有人當場就接起手機，而且對話的內容居然是：「是，我是！我知道兩點半要到 XXX 公司面試，我等一下會到……」

　　她講完電話抬頭看見我擺出的傻眼表情，才嚇得向我道歉。我則當下結束了這場才開始沒多久的面試，好心的我還提醒她：「路上小心！」

　　千萬記得，面試前一定要關手機！我不建議把手機調靜音或震動，萬無一失就是關機，專心把握眼前的面試機會！

　　好幾次面試中，我問應試者：「你的缺點是什麼？」

　　應試者竟然回答我：「我的缺點就是沒有缺點。」

　　聽到這樣的答案，我真的很不能接受，你說這樣算不算是錯誤？

26
面試時會講話的人很吃香，該怎麼增進表達能力？
» 增進表達能力，需要刻意練習！

　　既然是面試，就是要被問問題，口頭表達能力顯得非常重要。「求職面試，會講話的人很吃香，我該怎麼增進表達能力？」、「如何訓練自己的口頭表達能力？會講話的人，面試是否比較能勝出？」

　　我常跟學員説：「寫出一份好的履歷表，你就會有面試的機會，但面試有可能見光死，也有可能人見人愛。」

　　履歷表如果假他人之手，這就很容易見光死。很多自己寫履歷表、但口才不好的求職者，面試對他們來說，也可能沒辦法人見人愛。

　　面試的服裝，就算是前一天再買也行（當然我不建議抱佛腳抱到這種地步），但禮貌、態度和口才，不太可能一夕之間變好。

2016 年，哈佛大學變革領導中心主持人東尼·華格納（Tony Wagner）提出「未來人才一定要具備的七大生存能力」，其中一項就是良好的口頭和文字表達能力。怎麼要增進口頭表達能力？一定要從平常就培養，「刻意練習」非常重要。

我從大學時經常做兩項練習，第一項是讀報紙，尤其是社論，訓練自己口齒清晰、咬字正確（我還訂國語日報做練習），也藉此閱讀重要社會議題的觀點。我不只是讀，還會把它錄下來，聽聽看自己有沒有哪裡讀得不好，做為檢討與改進。

第二項是提問，我要求自己在課堂上舉手發問。發問除了可以訓練勇氣，還可以訓練自己的思路和表達能力。附帶的收穫是，由於經常發問，對於上課的內容也更懂了，老師還對我有好印象呢！除了提問，老師上課問問題時，我也經常主動回答。

其實，我從小口才就很好，我在小學時是演講比賽、朗讀比賽和作文比賽的高手。為什麼我到大學還需要這樣刻意練習？因為我有很明確的目標，我以後要靠「嘴巴」賺錢。有目標，再加上刻意練習，這樣的效果更好。

我提供了你一些增進表達能力的方法，在我看來，只要刻意練習就會有所提升。但更重要的是內涵，必須透過學習，才能讓自己的談吐更有深度。

不過，為了在面試中勝出，不是只有光靠口才。**對面試這件事，要有本質上的瞭解**，很多油腔滑調或者搞不清楚狀況的應試者，不見得是主管所賞識的人。

舉例來說，十幾年前我曾面試過一個社會新鮮人，因為他沒有太多相關經驗可以談，於是我問他：「你大學有沒有參加社團？」他說：「海鷗社！」我心想除非學校在海邊，不然去哪看海鷗啊？我回答：「哇！好特別的社團啊！你有擔任幹部嗎？」這時他笑得有點誇張說：「海鷗社就是一個人沒有加入社團，到處插花啦！」我當然覺得很難笑，我也決定不錄取這個搞不清楚狀況的人。還有很多自認為口才好的，平常跟朋友常吐槽或嘴砲的，他們面試的時候不是口才不好，而是無法正經一點跟主管對答。

面試時也要注意到主管的溝通風格，通常跟主管面試時，在答題上要把握「說重點、多用數字、舉事例」。我曾跟兩位大主管（管 500 人）進行二面，主管問：「藍小姐，你有十年的工作經驗，可不可以做個簡介？」

如果是你，你會怎麼回答？我想大多數的人都會採取流水帳式的回答法：「我第一份工作是在ＸＸ公司做了Ｘ年，我第二份工作是在⋯⋯」

　　我不是這樣回答的，我回答：「報告主管，我十年都做媒體，四年做廣播，六年做電視。」我邊說還搭配用手指比出四和六。

　　主管接著問：「你做過廣播啊？在哪幾家？」這時候你千萬不要回答：「履歷表上面有寫。」你要知道大主管實在很忙，有時並沒有時間詳看履歷表。我回答：「報告主管，我待過三家廣播電臺，第一家是臺北市政府的臺北電臺，第二家是⋯⋯」

　　如果想具備良好的溝通和表達能力，從現在開始刻意的練習吧！

STAGE 3

職涯菜鳥期

27. 面試和實際工作內容不同，該怎麼辦？

28. 職場第一份工作要做多久？

29. 社會新鮮人該怎麼增進與人互動的能力？

30. 如果所學與工作領域完全不同，該如何面對工作上的挑戰？

31. 常常覺得動力不足，如何提升自己工作上的積極度？

32. 覺得自己執行力不足，怎麼讓自己變得更有執行力？

33. 工作時情緒容易受影響，要怎樣讓自己的情緒穩定？

34. 不太會規畫時間，如何讓自己變得更有效率？

35. 遇到主管很刁難怎麼辦？

36. 想要斜槓，建議社會新鮮人斜槓嗎？

37. 怎麼樣才能快速升遷？

38. 怎樣對主管提離職，可以好聚好散？

27
面試和實際工作內容不同，該怎麼辦？
» 面試和實際工作不同，是常見的！

　　一次演講結束，聽眾大排長龍問我問題，一位女生問我：「老師，面試和實際工作內容不同，該怎麼辦？」我反問她：「你應該剛畢業沒多久吧？」她笑著說：「老師，您好厲害，怎麼知道？」我也笑著說：「因為面試和實際工作不同是常見的，你對這樣的狀況不瞭解，所以我推測你剛畢業沒多久。」

　　「面試和實際工作不同，是常見的！」當我這樣回答時，有些人聽了還是很生氣的說：「主管怎麼可以這樣！」、「我有種被騙的感覺。」如果你也覺得很生氣，我建議你先靜下來想想，主管面試時是不是跟你說：「這個工作要做的事情包括，第一……第二……第三……，還有我交辦的事情。」重點就是「主管交辦的事情」，光是這一點就可以無限延伸，所以主管沒騙你，只是你一時沒想起來。

進了公司，菜鳥的你才發現，面試和實際工作不同，不只很錯愕，還會不知所措。該怎麼辦呢？你可以跟主管坐下來好好談一談，但是在跟主管談之前，建議你靜下心想一想，這些「不同」的工作是你會做的，還是你一時無法接受？建議你，先釐清是能力問題，還是情緒問題？

如果是能力問題，你可以想想你需要什麼樣的協助？需要多少的時間才可以上手？這樣你找主管談才能切中問題。如果是情緒問題，這就需要轉換情緒，我只能告訴你，在職場「朝令夕改」是常態，**職場唯一不變的就是「改變」**。既然你還是菜鳥，我建議你把這些視為挑戰吧！

當我還是職場菜鳥時，我遇過這類的問題，即便我成為職場老鳥，也遇過這樣的問題。在我當上班族的最後一份工作，面試時明明說好做媒體行銷工作，然而上班第一天下午，主管就拜託我幫忙做計畫，我當然非常錯愕，當下真的百般不願，因為我就是不喜歡做計畫才換工作的。

更糟的是，這個計畫的狀況非常差，只剩最後三個多月，計畫執行率不到一半，主管用了「救」計畫這樣的字眼，可見其難度。你說我能不答應嗎？

這個關於我的親身故事，最後是完美的結局，經過我的救

援，這計畫執行率 100%。但接下來可慘了，由於做得太好了，又有下一期的計畫，我又成為做計畫的不二人選。不過，神救援讓自己的功力大增，自信心破表，這應該是收穫吧！

如果有下次的面試機會，建議你把工作的內容問清楚也聽清楚。當主管說完後，你可以複誦主管說的內容，這樣可以確保有沒有遺漏或誤解。如果已經到職了，才遇到跟面試時說的不一樣，建議你參考我前面所建議的方式好好處理。

對我個人而言，我覺得難的不是能力，也不是情緒，我就是想做我想做的事。當面試跟實際工作如果只有部分不同時，應該還可以接受，但當面試跟實際工作完全不同，這對我來說，就不見得可以接受。

我曾到臺北的一家廣播電臺面試，應徵的職缺是節目製作人，上班後臺長卻要我做臺長室召集人，我對幕僚的工作一點都不感興趣。但我還是照著他的安排做了，因為這家電臺是很不錯的電臺，給我的薪水也很高，我當時抱著等待機會的心態。

但一年後，我覺得不太可能在電臺內部轉換工作，再加上有一家有線電視臺挖角，於是我便毅然決然離開了，因為我是一個對自己要什麼一直很清楚的人。如果你也是，你會知道該

怎麼面對這問題了。

在講授《生涯即戰力》課程時，我用三個圈圈說明該找怎樣的工作，第一個圈圈是這份工作「**要做的事**」，第二個圈圈是你「**會做的事**」，當工作要做的事和你會做的事重疊的部分越多，你做起來越得心應手。

至於第三個圈圈是你「**想做的事**」，這三個圈圈重疊的部分稱之為「**甜蜜區**」，如果要做的事都是你會做的事，又都是你想做的事，恭喜你，你的工作超級甜蜜啊！我希望你能找到甜蜜區最大的工作，或是擴大既有工作的甜蜜區。

找到或擴大工作的甜蜜區

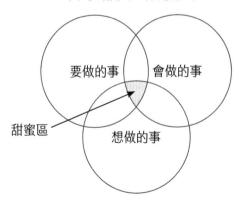

28
職場第一份工作要做多久？

» 職場第一份工作，努力做滿一年吧！

　　記得我在大學畢業前，老師勉勵我們：「職場的第一份工作起碼要做滿兩年！」現在大學生畢業前問我：「老師，職場的第一份工作要做多久？」我的回答是：「職場的第一份工作，努力做滿一年吧！」

　　你看出差異了嗎？在我那個年代，大家似乎比較安於工作，也有比較高的工作穩定度。而到了現在這個年代，大家似乎比較重視生活，工作穩定度沒那麼高了。我們讓數字來說話吧！根據勞動部調查，大專以上學歷的社會新鮮人，大約四成五曾在畢業後一年內換過工作，而男性稍微比女性穩定。

　　多年前，有一位曾在大學跟我職涯諮詢過的職場菜鳥，她告訴我：「老師，我在服務業工作，工時非常長，下班了還要盤貨，我累到不行不想做了，但是想起您之前說的，第一

份工作至少做滿一年，最好能做兩年！我還差幾個月就兩年了……」我告訴她：「也不要為了時間硬撐，至少你已經達到基本門檻了，重點是好好想一想，這份工作真的不值得再做下去了嗎？如果是，接下來想找怎樣的工作？都想清楚了，就知道該怎麼做決定了！」

　　雖然我鼓勵大家職場的第一份工作要努力做滿一年，但更重要的是，如果你真的很清楚這份工作不適合你，也不一定要苦撐。但我建議你，剛畢業或剛退伍，對於職場是需要適應期的，這也是為什麼企業對新進人員有三個月的試用期，這三個月，企業要評估你適不適合這份工作，你也可以透過這三個月評估自己適不適合這份工作，我比較不建議貿然離職。

　　曾在一年之中有面試上百人經驗的我，對自己識人的功力還滿自豪的，但卻有一次被打敗的經驗。我替公司成立客服部，從無到有建置並招募員工，晉用了一群六、七年級的年輕人。有一天，助理來跟我說，一位同事還沒來上班，我請她打電話瞭解一下，這位沒到班的同事沒接電話，因此聯繫不上。

　　公司八點上班，都已經快十點了，卻沒接到她請假的任何電話或訊息。於是我用我的手機打給她，她很快就接起了電話，我問：「怎麼了？不舒服嗎？」她說：「沒有，我不去

了！」我接著説：「沒有不舒服，但有事，想請假是嗎？」她回答：「不是，我不去上班了！」我愣了一下：「你的意思是你要離職啊？」我非常的驚訝，因為她才來上班三天。

　　我很希望瞭解她想離職的原因，但她怎麼都不肯説，我問：「你是哪裡遇到問題嗎？還是同事欺負你？如果是，你可以告訴我，我會協助和處理。」她冷冷的説：「沒有！」我心裡實在很納悶，又問：「還是你對我有意見？如果是，你可以告訴我，或者打電話給人資經理向他反應。」她又回：「沒有，謝謝你！」我心想她不願意接公司的電話，卻願意接我用手機撥打的電話，表示應該不至於對我有意見。

　　既然問不出所以然，又感受到她辭意堅決，我只好告訴她，就算要離職也要來公司跑一趟，辦理離職手續，不然會被列入黑名單，沒想到她還是不願意來。我只好把這件事跟人資經理説明，後來人資經理打電話給她，得到的答案跟我一樣，最後這位同仁當然是被人資列入黑名單了。

　　這個真實案例想告訴你，給自己也給公司互相適應的一段時間，就算有一天要離職，也讓彼此都有個好的結束。一份工作要做多久，沒有標準的答案，工作，**挑戰了我們的能耐，也促使了我們的成長。**

29
社會新鮮人該怎麼增進與人互動的能力？
» 尊重職場前輩，贏得職場好人緣！

很多即將要畢業或者剛踏入職場的菜鳥，經常會問我：「剛出社會感到非常緊張，職場上與人互動要注意很多細節，該怎麼增進這方面呢？怎麼才有好人緣？」

我先問你幾個問題：「在職場，做人重要？還是做事重要？」、「在職場，做人難？還是做事難？」你的答案是什麼？

在職場該抱持怎樣的觀念，其實沒有標準答案，但你總要有一套比較適合職場又不違背自己想法的價值體系。如果你還沒有，可以參考一下我的想法，我的看法是，在職場做人和做事一樣重要。職場是講求績效，因此做事當然很重要，但只會做事，不重視團隊合作與人際互動，這樣是不行的，因此做人一樣很重要。

　　在職場，做人比做事難。做事有一套專業或方法，你不會主管可以派人教你。做人實在很難找出一套方法，因此，我認為做人比較難。尤其當了主管後，你會發現必須花很多時間處理人的問題。

　　既然做人既重要又難，因此真是需要好好增進這方面的觀念和技巧。

　　首先，新進菜鳥怎麼跟同事打招呼，就是一個非常需要注意的重點。現在的年輕人很多連打招呼都不會了，因為懶得打招呼，久了就不知道該怎麼打招呼。全球知名的人際關係與溝通專家卡內基說過：「**姓名是最悅耳的聲音。**」因此，藍老師要提醒你：知道、記住、稱呼對方的姓名很重要。

　　但稱呼不要是指名道姓的稱呼，如果是主管，可以稱呼職稱，像是「經理」、「店長」。自己直屬的主管不要在前面加上他的姓，如果我是你的經理，不要稱呼我「藍經理」，要稱「經理」；隔壁部門的主管姓黃，你可以稱呼他「黃經理」。

　　其他非主管的資深同事，你可以稱呼他「王大哥」、「陳姐」。如果跟你年紀相仿，就可以叫他的名字「淑芬」、「家豪」。有些公司同事間都喊英文名字，對於較年長的同事，你最好在名字後面加哥或姐，「Peter 哥」、「Amy 姐」。

當我是菜鳥時，我稱我的小主管「主任」，她要我叫她的名字，我就改口「曉靜姐（化名）」，她又說：「不要加姐啦，這樣子覺得被叫老了！」她其實很年輕，只大我幾歲，恭敬不如從命，我只好改口叫她「曉靜」。

　　當我成為職場老鳥後，我曾有位助理小我 12 歲、應屆畢業，她上班的第一天就直呼我的名字「如瑛」，我當下嚇了一跳，但並沒糾正她。我帶她去認識辦公室的二十幾位同事，一一跟她介紹，這是陳大哥、那是李經理……，介紹到最後一位時，我說：「這位是林大哥。」她竟然說：「林伯伯好！」我及時糾正她：「叫林大哥就好！」她還是說：「林伯伯好！」這位同事站了起來說：「妹妹，叫我林大哥就好，因為林伯伯聽起來好像「恁爸」（臺語）。」

　　這時我真的超尷尬，助理說：「我爸爸告訴我，比他年紀小的要叫叔叔，比他年紀大的要叫伯伯，所以我才叫你林伯伯！」我急忙說：「林大哥跟我媽媽年紀一樣，我也是叫他林大哥啊！」我怕他們兩人又你一言我一語，趕緊跟同事道歉後，拉著助理離開了。

　　從此以後，我都會提醒大學生和年輕人：「職場只有大哥、大姐，沒有叔叔、阿姨。」沒有人想要被喊老，這一點真

希望你能懂！當你不知道怎麼稱呼同事時，你也可以這樣問：「不知道我怎麼稱呼您比較好？」

記得我從 A 部門調到 B 部門時，一位大我 12 歲的同事寫 E-mail 給我：「你來之前我們部門就像是沙漠，你來了之後，我們變成是熱情的沙漠。你在的時候讓人暗戀，你走了後讓人想念。」在 A 部門我只待了一年七個月，能贏得這麼多同事的友誼，自己也覺得很開心。我從該公司已經離職超過十三年了，幾位年長的同事也已從職場退休了，至今我們仍會聚會和互動呢！

職場的人際關係不是三言兩語可以道盡。最基本的，不論年紀，不論資歷，不論職級，只要他比你早一天進公司，他就是你的「前輩」，以**尊重職場前輩**的心態跟主管和同事相處，我相信會有好人緣。如果再加上一份對人的熱情，肯定會更好。

30
如果所學與工作領域完全不同，該如何面對工作上的挑戰？

» 所學與工作不同，是你學習和練習的機會！

　　根據美國勞動部的一份研究報告指出，現在學生未來將從事的工作，有 65％現在還不存在。知識、技術和產業的變化非常快速，就算是畢業後從事相關領域的工作，也必須要不斷學習。一位廣播節目的聽眾問我：「如果自己所學與現在工作領域完全不同，該如何面對工作上的挑戰？」最簡潔有力的回答就是：「學習和練習」。

　　當一個廣播節目主持人，是我小學四年級的夢想，但畢業後進入職場，我真正當廣播節目主持人的時間不到二年。在廣播電臺我也從事過幕僚工作（廣播收聽率市場調查），還被挖角到有線電視臺工作，甚至為了家庭，我到研究機構工作，做推廣、計畫及教育訓練。工作領域與自己所學的不同，應該是

非常可能碰到的情況。

　　不少學生遇到了所學與工作領域完全不同的情況，會問我：「老師，我是不是該讀研究所了？」關於是否該讀研究所，我前面已有論及。在這裡我也要提供一個資訊給你參考，人力銀行曾做過這方面的調查，四成五的企業認為碩士生跟大學生表現差不多。學習有很多種形式，讀研究所只是其中之一。

　　先來說學習吧！我轉換跑道到研究機構上班，原本是做行銷推廣，沒多久主管竟要我負責計畫管理。什麼是政府「計畫」，我壓根兒沒有概念，於是我選擇利用星期日到交通大學參加專案管理（PMP）證照班。那時我的小孩分別才四歲和二歲，星期日整天進修，兩個孩子只好交給先生照顧。我先生說：「你可不可以不要這麼認真，還利用假日學習？」我知道他一個人要顧兩個孩子的辛苦，不過如果沒有繼續學習，我對從沒接觸過的工作充滿了焦慮。

　　這個課程的學費不便宜，2萬6千多元，我沒有向公司申請補助，一來我怕主管要我考證照，當時我只打算學習不打算考證；二來我怕主管要我簽幾年約才能離職，我不想被綁住。不論什麼時候，**投資自己是必要的，不要吝嗇投資自己**。

沒想到我負責的計畫獲得業主（政府）來函表揚，我記得當時主管找我到他的辦公室，跟我說：「我做計畫八年，從沒被表揚過，你做計畫才一年就被表揚，你真行！」

　　有觀光界教父之稱的嚴長壽，他有個「垃圾桶哲學」，他說：「**我把自己當垃圾桶，把握每一個學習的機會，是我『收垃圾』的最大動力。**」在職場上不想被淘汰，就要比競爭者學得更快。

　　再來說練習，「熟能生巧」聽起來很八股，但絕對是真理。我經常舉吳季剛的例子，他 5 歲立志，15 歲當設計師，18 歲成為 Integrity Toys 的設計總監，23 歲創業，27 歲一夕成名。吳季剛曾說：「**只要你累積超過一萬小時的經驗，就可以把任何事做好，我今天能站在這裡，就是因為花了數不盡的小時在我的工作上。**」一萬小時的力量，你若能做到，想成為行家絕對有機會。

　　我還記得，我讀大學時個人電腦才開始出現沒多久，窮學生的我買不起電腦，電腦又是全校必修課，為了打電腦作業，我必須拿著學生證到電算中心教室排隊，等著用電腦。畢業後，公司沒有電腦，電腦打字也就因此生疏了。到了研究所要用電腦寫論文時，我還是「一指神功」（一根手指頭慢慢找

鍵盤按鍵）呢！現在我已經不用看著鍵盤就能打字，而且還可以一邊跟別人講話一邊打字呢！暢銷書《刻意練習》中提到：「天才，是練出來的！」

如果你的所學和現在工作領域完全不同，公司願意雇用你，表示你有某方面的特質或潛力是他們欣賞的，面對這樣的工作上挑戰，好好學習和練習吧！

31
常常覺得動力不足，如何提升自己工作上的積極度？
» 動力不足，想想工作帶給你的好處！

「我覺得我在做事情上缺乏動力。」、「想知道如何提升動力。」、「常常覺得動力不足，如何提升自己工作上的積極度？」這類的問題，不只職場菜鳥經常問我，在學學生或是職場老鳥也經常問我。

2011 年，《親子天下》雜誌首度針對國中生進行大調查，並提出了「無動力世代」。十年過去了，當初接受調查的這批學生，應該是職場菜鳥或是即將畢業的大學生。無動力世代指的是缺乏動機、被動，甚至不學習。你在工作上，是不是也沒有動機、被動、不學習呢？

我想問你，這份工作是你選的嗎？你當初為什麼要選這份工作？這份工作的哪一點吸引了你？這些問題你好好想一想，這就是所謂的「莫忘初衷」。

　　我告訴你一個工人的故事，一次我到竹北看房子，看到一位工人在那裡工作，我就問他：「大哥，你在幹嘛？」工人說：「賺錢啊！要養老婆、養小孩啊！」走了幾步，我看見第二位工人，我同樣問他：「大哥，你在幹嘛？」工人說：「我在做老闆交代我的事啊！」繞了半圈，我遇到第三位工人，我還是問了這個問題：「大哥，你在幹嘛？」工人說：「我在實現人們的夢想！」聽到跟預期不一樣的答案，我好奇的問他：「哇！怎麼樣實現人們的夢想啊？」工人說：「我們是在蓋教堂，等教堂蓋完後，人們會到教堂，將他的夢想，向他的上帝禱告，在上帝的應許下，他們的夢想就會實現。」

　　同樣做一件事，三位工人他們的初衷不同，第一位工人為錢、為養家活口而工作，第二位工人為責任而工作，第三位工人則是為價值、為理想而工作。這個故事是我改編的，你想一想，你為了什麼而工作？你就會看到工作帶給你的好處，這樣子你應該會比較有動力工作。

　　對我而言，我大多數是為了興趣而工作，我不是富二代，不是不需要錢，但我更重視興趣，因為有興趣，我會投入，我會表現得好，就會被賞識。不過，我曾經有一段時間是為了家庭而工作，每每工作無力感出來時，我就告訴自己：「這份工

作讓我可以在新竹一家團圓，這家公司設有幼稚園、安親班，讓我的兩個小孩可以受到很好的照顧。」

　　接著，我想問你：「在工作上，你是主動的人還是被動的人？」、「職場的主管喜歡主動的員工？還是被動的員工？」

　　根據我長期在學校、企業和社會演講的現場調查，在工作上，大多數的人都是被動的人。而主管喜歡怎樣的員工，連高中職生都會回答：「主動。」

　　所以，你是不是主管喜歡的人，不用我多說你應該很清楚了。我還跟學生們開玩笑說：「不只是老闆喜歡主動的人，老師、老媽和老婆都喜歡主動的人！」

　　每次講到主動的問題，我總想起大學畢業後做的第一份工作，主管對我和同事說的一段話：「同樣要做出一張桌子，我說了好多，小芬（化名）還是做不出我要的桌子；如瑛不用我多說，就能做出我要的桌子，而且是比我要的還要好的桌子。」在這份菜鳥的工作中，我學到主動精神的重要，**不需主管交代，做事超越主管期待。**

　　怎麼樣主動呢？處處都可以主動。以前在職場，主管要我幫忙做簡報資料，我做完後不只 E-mail 給他，我還會打電話給他的祕書：「執行長要我做的簡報我做好了，剛剛傳到他的

電子信箱了,麻煩你提醒他一下,謝謝!」

曾有一位學生下課時問我:「老師,我早上突然不舒服,沒有去打工,我傳了 LINE 跟 leader 請假,這樣的作法是 OK 的嗎?」我問她:「什麼時間傳的?他已讀已回了嗎?」很多時候,你可能以為事情做了就好,但事實上並不是這樣的,你必須確定一下對方接受到訊息了嗎?這樣做是不是最好的方式?這位學生主動來問我問題,我教了她怎樣把請假這件事處理得更好,因為主動,她比其他同學多學到一招。

在職場每天都是學習,學習做事,更學習做人。AI 時代來臨,「學習」更顯重要,如果你不想被 AI 取代,就必須自主學習,並且終身學習。

除了無動力的觀點外,我發現這些無動力的人,還有一個需要克服的問題是「害怕失敗」。不做不會失敗,但別忘了,不做也不會成功。2019 年 PISA(國際學生能力評量計劃)公布了一份報告,臺灣是全世界最害怕失敗的國家。

俗語說:「失敗為成功之母。」你肯定覺得這句話很八股。你應該喜歡五月天吧?五月天的故事被納入國中教材中,五月天的名言是:「**成功,是失敗的累積。**」

Facebook 創辦人祖克柏(Mark Zuckerberg)也曾說:

「嘗試一些事，遭遇一些失敗從中學習，比你什麼事都不做更好。」我敢說沒有一個人會告訴你，他的一生沒有遇過失敗，如果有，請介紹我認識，我想好好訪問他。

　　只有你能提升自己的工作積極度，找出工作動機、主動、學習、別害怕失敗，你肯定有所不同。

32

覺得自己執行力不足，怎麼讓自己變得更有執行力？

» 目標視覺化，提升你的執行力！

　　職場菜鳥經常問我有關執行力的問題，他們通常覺得自己的執行力不足。

　　「覺得自己執行力不足，怎麼讓自己變得更有執行力？」如果你也是如此，建議你先看上一篇，先找到自己的動力。在我輔導的經驗中，通常動力不足的人，執行力也不足，執行力的問題再重要也不過了，因為我認為「**執行力，就是競爭力**」。

　　從事職涯顧問近十四年，我長期使用一個性格測驗，這份性格測驗中有「執行力」的部分，從測驗可以看得出來，八年級生普遍執行力比較差。他們很有想法，但較少付諸行動，並不容易持之以恆。

　　在勞動部共通核心職能課程中，我會告訴學生，執行力

有兩種敵人，一種「想得多做得少，光說不做」，這種人缺乏行動力；另一種「三分鐘熱度，容易放棄」，這種人缺乏持續力。你屬於哪一種？

在輔導過程中，有很多個案，說他想做這個、他想做那個，說得口沫橫飛，我問一句：「然後呢？」、「結果呢？」、「現在呢？」瞬間一副好像被雷打到了，止住了話。有想法真的很好，但如果沒有付諸行動，一切就只是還在原地，不是嗎？很多個案跟我說，他的英文不好，但是都沒有讀英文，英文怎麼會好呢？你必須要有提升英文的計畫，並且落實執行。

我常舉自己的例子給學生聽：「我在小學四年級時，決定長大後要當廣播節目主持人，這個夢想一直到大學畢業終於實現，請幫我算一算，總共花了多久的時間？」學生認真的計算後回答：「十二年！」、「十三年！」接著我告訴他們：「夢想，不但要努力，還要堅持！」就如一句廣告臺詞：「**不放手，直到夢想到手！**」

如何提升執行力呢？有很多的方法，但要找出最適合你的方法。目標管理是個不錯的方法。舉例來說，我在職場上曾負責辦理新進人員教育訓練，譬如一年需要辦六場，我在年

底知道了這個績效目標，我會用一個 EXCEL 表協助我控管這件事，我會訂出明年哪幾個月分要辦新人訓，例如：3 月、4 月、5 月、7 月、8 月、10 月。

這樣安排有幾個重要的考量，1、2 月因為卡在年度剛開始，再加上農曆年假，較不適合辦訓練，3 月才辦第一場，我會把日期壓在 3 月初。半年一定要先完成三場，達到一半的績效目標。還有，我不會把工作壓到 12 月，我把最後一場排在 10 月，萬一有狀況，還有 11 月可以運用。目標設定好之後，就可以依據目標去執行與控管工作。

此外，視覺化也是個不錯的方法。我是一個不愛運動的人，也從不運動。但自從我父親罹癌後，我便開始要求自己運動，一個星期運動兩次。不過不喜歡的事總是很容易怠惰，於是我運用視覺化方法，只要我運動的那一天，就會用粉紅色的螢光筆在桌曆上塗上顏色。

日後每當星期四晚上，如果我看到桌曆上這星期只有一個粉紅色，星期五那天的所有事情，我一定會以運動為優先。這樣的習慣我已經持續了快十年，從未間斷。

我有一位 PMP 證照班的同學，他也是運用視覺化的方式，他住在公司宿舍，他把 PMP 的知識架構圖放大印出來，

貼在他的書桌前，貼在床上的天花板，貼在他經常看到的地方。在考證照的整個準備過程，他超有執行力，是全班第二個考上證照的人。

　　不論是工作或生活上，你都可以試試我親身體驗過的兩種方法。當然，你也可以替自己訂獎勵，增強你的執行力。有了執行力，包準可以在職場上無往不利！

33
工作時情緒容易受影響，要怎樣讓自己的情緒穩定？
» 上班族哪個不委屈，認清現狀最重要！

　　《這世界很煩，但你要很可愛》我在書局看到這本書時，光看書名就覺得這本書會紅，因為在職涯諮商的工作中，最常聽見學生說的字眼就是「煩」。沒想到 2020 年 11 月找布克文化賈總編洽談出書事宜的時候，他竟送我這本不是他們出版的書。這本書，最後成為 2020 年度暢銷書第一名。

　　「工作時情緒容易受影響，要怎樣讓自己的情緒穩定？」、「每天上班都心好累。」、「好厭世，不想工作。」這些都是我經常聽到的問題。每每星期一早上看臉書，好多人的發文都是「Blue Monday 藍色憂鬱」、「討厭又要上班了」之類的厭世文。每每星期五下午看臉書，好多人的發問都是「耶！準備放假」、「我開始在想周末要去哪玩囉！」之類的慶祝文。

我可能是工作狂，我很熱愛我的工作，上班族十四年間，我很少有討厭工作的感受。誰的職場不委屈呢？我也曾是菜鳥，你被主管叫去印東西，我也做過；你幫主管打字，我也打過。我為什麼不委屈？因為我知道，這就是菜鳥要做的工作。

　　多年前，臺商在大陸設廠的公司傳出幾起作業員跳樓事件，我剛好看到一則新聞，是臺灣媒體引用大陸的新聞片段，該名受訪的大陸員工說：「在這裡工作就是每天重複一樣的動作，極端的無聊沉悶……」

　　我看了以後覺得很可笑，因為作業員就是重複一樣的動作，這是應該有的認知，你不喜歡這樣的工作，沒有人強迫你要待在這家公司，你可以離職，而不是選擇跳樓。這則新聞為什麼我特別有感，因為我也曾做過作業員。

　　由於小時候家境不好，考完大學聯考後，7月8日我就到瑞芳工業區的工廠做大夜班，希望能多賺些錢，以減輕家裡供我讀大學的負擔。18 歲的我，應該是全公司最年輕的員工，原本在包裝部工作，一切還算順利，沒想到過沒幾天就被領班調到生產線工作。

　　產線速度之快，輸送帶不停運轉，看似簡單的工作，我根本來不及做好。因為我手腳太慢，整個產線還一度停擺，領班

氣沖沖的跑來訓我，這是我人生遇到的第一次挫折。

我當時不時望向窗外，為什麼天還不快點亮（天亮我就可以下班了）？也由於這個挫折，我能體會工作做不好的心情，我在心裡告訴自己：「藍如瑛，不管考上哪個大學，你一定要好好讀書，因為你不是做女工的料，好好讀書，才能選擇更好的工作。」年輕時遇到挫折，是成長的養分！

情緒是怎樣產生的？情緒是對事件的認知和解釋。你可以評估一下情緒的主要來源為何？情緒的主要來源有三個方面：第一、生活環境上，像是工作、家庭或生活等；第二、生理上，像是疾病、睡眠等；第三、想法上。

你只是工作上情緒容易受影響？還是在家庭上也是呢？是工作上的哪個部分影響到你的情緒？是生活環境上產生的情緒問題，必須改變生活環境；是生理上產生的情緒問題，必須看醫生；是想法上產生的情緒問題，可以找人談談，或者找心理諮商師或職涯諮詢師協助。

說到情緒，我總是想到多年前輔導的一次經驗。一位大學生進來諮詢室，聊沒幾句他就突然問我：「老師，你覺得我的身材怎樣？」這問題真是超乎我的經驗，但應變力很快的我，不露痕跡的說：「你為什麼想問這個問題呢？」他又說：

「你覺得我的身材怎樣？」我已意識到這個問題背後的問題，我回答：「很好啊！」他說：「應該是很胖吧？」我說：「不胖啦！比較壯一點點罷了！」他說：「你不要安慰我了！」我說：「你站起來我看看。」

他站了起來，我上下端詳了一下說：「嗯！沒錯是比較壯一點，不算胖，但不能變胖喔！」他坐了下來，我說：「你好像很在意這個問題？」他好像被理解了，願意說出他問這個問題背後的原因，他說：「從以前到現在大家都笑我胖，我只要聽見有人說我胖，我就很不高興，很想砍他！」

這時我心想：「幸好我沒說你胖啊……」

我點點頭，他繼續說：「所以，我隨身都帶著刀子。」

我說：「唉！被這樣講，你肯定很不舒服！你現在有帶刀子嗎？」他說：「沒有！」聊到這裡，都還沒切入職涯輔導的主題（慎重起見，我事後有跟學校通報），但我已經直覺覺得這學生有嚴重的情緒問題。

去年頂大生接連自殺，《天下雜誌》也以「青年憂鬱症」為題，揭露了國人憂鬱症年輕化的問題。如果你持續的感到情緒低落、沮喪、失望，對日常生活失去興趣，並且影響到個人的思考行為，就該考慮是否需要就醫。

　　說實在的，上班族哪個在職場上不曾受到委屈呢？認清現狀最重要。再者，練習情緒的管理，像是：換個角度重新解讀、凡事往好處想、別在乎別人怎麼想、聚焦未來等，都可以打敗負面情緒。後面我將會談到，使情緒安定的魔咒。

34
不太會規畫時間，如何讓自己變得更有效率？
» 時間最大的敵人是手機！

　　有首老歌的歌詞是：「忙忙忙，忙忙忙～忙是為了自己的理想？還是為了不讓別人失望？……忙得分不清歡喜和憂傷，忙得沒有時間～痛哭一場！」可見得以前的人就很忙，現代的人想必應該更忙了。

　　多年前一所大學邀請我演講，主題是「時間管理」，這個主題通常是跟上班族談的，我好奇的問承辦人：「為什麼對學生安排這個主題？」

　　承辦人說：「因為現在的大學生外在誘惑很多，忙得課業都顧不好，不知道怎麼管理時間了！」大學生如此，職場上班族應該更忙了！

　　很多人都稱我為「大忙人」，我都說自己只是「小忙人」，因為我沒有跟爸媽和公婆同住，有兩個小孩要照顧，有

全職工作，還在小孩子的學校參加家長會，並且創辦了三個社團，此外，還得抽出時間當志工。我是個希望工作與家庭兼顧的人，如果說不忙那太矯情了，真是有點忙啊！

如果你跟我一樣，很多事情都想兼顧，那就真的要好好管理時間。我常說：「老天爺很不公平，你出生在有錢的家庭，我出生在貧窮的家庭；你很高，我很矮。但老天爺做了一件公平的事，不論貧富或高矮胖瘦，每個人一天都是 24 小時。」時間是無法留存與重來的，大家一定要好好把握時間。

以前的人說，時間最大的敵人是「拖延」；我認為對現代人來說，時間最大的敵人是「手機」。你知不知道你一天花了多少時間在手機上？我當上班族十四年，都是不需要打卡的工作，但我都告訴自己和部屬：「這 8 個小時，公司付錢給你了，認真做公司的事是應該的。」

沒想到有一回我被上級叫去訓話：「你的同仁上班在玩MSN，你知不知道啊？」我很想回答，我哪裡會知道，我認真做自己的工作，我的工作又不是盯著他們看。

但我沒這樣回答，我低著頭鞠了躬說：「我不知道，但我有提醒過他們，我會處理，抱歉！」

你想想，我被訓了，接下來會怎麼做？當然是把我的同

仁們集合起來好好說他們一番。這件事發生在還沒有智慧型手機，還沒有臉書、LINE 的年代，我真不敢想像，如果我現在還在職場當主管，可能要因為部屬的行為整天捱罵啊！

首先，工作上要有效率，先做到上班時間都做工作上的事吧！其次，**時間管理上很基本且重要的觀念是：區分事情的「重要」和「緊急」**，你可以藉此評估工作的優先順序。

重要又緊急的事情當然優先做，不重要、不緊急的就最後再做，或請他人代勞；重要但不緊急的為第二優先，照既有的排程做；緊急不重要的排第三順位。這樣說你可能還是不太清楚，拿張紙把重要、緊急的四象限畫出來，試著評估手邊的工作，把它們填進去，慢慢你會更清楚怎麼運用。

此外，找出自己最有效率的時段，安排適當的工作。以我來說，早上的精神狀況最好，此時我會安排困難度高的工作；中午吃飽飯後精神狀況欠佳，我會做困難度比較低的工作。

提升工作效率有很多方法，像是善用科技，譬如要做會議記錄，可以使用語音轉文字的錄音筆或手機 APP。還有，建立人脈，當工作範疇超出你的能力或經驗時，可以透過人脈得到協助或解答。

唯有提升效率，你才能成為 work smart 的職場工作者。

35

遇到主管很刁難怎麼辦？

» 主管愛刷存在感，你可以選擇新環境！

　　長久以來不少的調查都顯示，上班族覺得最難相處的人就是主管。當然我也經常被問到與主管相處的問題，現在的職場菜鳥經常會問這類問題：「被上司欺壓怎麼辦？」、「遇到主管很刁難怎麼辦？」我可以感受得到，現在的職場菜鳥用字遣詞都比較強烈。

　　多年前在一次演講後，聽眾大排長龍問我問題，一位看起來很年輕的女生跟我說：「老師，現在的主管是不是都很壞？我遇到三個主管都超壞的，第一個主管……」她描述第一個主管怎麼錄取她後，又怎麼開除她的。

　　她繼續說第二個主管怎麼錄取她，正準備說第二個主管怎麼開除她的時候，我中斷了她的話。主要是因為我已經買好了回程的高鐵車票，再加上還有好幾位聽眾排著隊等著問問題。

我跟這位女生說：「職場有壞主管，我也遇過。但像你這樣三個工作都遇到壞主管。只有兩種可能，第一種可能，你運氣太差了，帶賽（臺語）！」她點點頭笑得很高興。我繼續說：「第二種可能，你應該有什麼問題，如果沒有把這個問題找出來，並且加以改善，你可能還會遇到第四個壞主管。」

　　這時她的臉色大變，非常的沉重。她兩年內因為這樣換了三個工作，這問題如果不徹底解決，也可能造成以後求職的困擾。遇到問題時，我習慣先反省自己，而不是只有檢討別人。

　　被上司欺壓或刁難時，建議你先觀察，他是對大部分的人都這樣，還是只有對你？如果是對大部分的人，那可能是他的處事風格，如果只針對你，你先反省一下，自己有沒有哪裡可以改善？反省後，再換位思考「他為什麼要這樣做？」、「如果我是他，我會怎麼做？」或許，你也不覺得完全是他的問題了。若還是想不出有什麼問題，就當他在刷存在感吧！

　　在職場上，我也遇過很多好主管，當我要離職的時候，好主管不僅再三慰留我，甚至還主動幫我寫了一封推薦信給新公司的主管。

　　我離職一年後，他還打電話到我新的公司跟我說：「你在那裡好不好啊？如果不好就回來吧！你的主管職位還幫你

留著。」當時的我嘴上跟他說：「我很好！」臉上卻掛著兩行淚啊！

在職場上，我也遇到過所謂的壞主管，大主管給我一個我很喜歡的工作，她卻硬生生當著我的面反對。後來不知道用了什麼手段，讓大主管把那個工作外包出去。

不只這樣，一次我讀幼稚園的小孩生病了，助理跑到會議室偷偷塞紙條給我，上頭寫著：「你的小孩發燒了，老師來電話，請你趕快到幼稚園接他。」助理一共進來兩次。

大主管忍不住問：「是什麼事嗎？」我告知了小孩生病的事，大主管說：「你趕快去接小孩啊！」我遲疑的說：「可是這個會議還沒開完？」大主管要我叫助理進來代替我開會，我鞠了躬跟與會的所有主管說抱歉後，便快步的離開。

隔天早上八點不到，我一身疲累走進辦公室，在大廳遇到大主管，他驚訝的對我說：「小孩不是發燒生病嗎？你怎麼還來上班？」我說：「對啊！他還在發燒生病，但昨天會議沒開完我就走，後續的事情也還沒交代和處理，所以我就來上班了。今天我先生請假照顧小孩，明天再換我。」大主管說：「沒關係啦！孩子生病比較重要，媽媽比較會照顧小孩。」

聽到大主管這樣說，我都快掉淚了。我跟他道謝後，轉身

朝辦公室走去，我的小主管此時正從辦公室走出來，我跟她打招呼時，她只跟我點個頭說：「記得補假單！」這時候，我明顯的感受到大主管和小主管的不同。

大主管是男生，他是面試我的人，他對部屬有份同理心；小主管是女生，她的年紀和年資都比大主管多，她早已為人母，竟連一句關心問候都沒有。

我如果進辦公室一小時都還沒補假單，她再提醒我，是不是更恰當？況且，公司五點下班，我前一天差不多四點提早離開的，她有需要這樣做嗎？隔了幾天，她還發了信給她下面的幾個主管（包括我），主旨是：「請提早請假並寫事由。」我問了其他幾位主管，他們最近都沒請假。

還有一位主管我沒問他是否有請假，不過他是跟她一起從另一個部門轉過來的，他們共事的時間非常久，我想她不需要為了提醒他而如此大費周章。

我那時真想問她：「請問病假有辦法事先請嗎？」、「休假為什麼需要寫理由？」我那時真是氣到想在假單上寫「跟男朋友約會（我已婚）。」看她敢不敢批這樣的假單。

接連幾件事發生，我反省也換位思考了，我發覺小主管應該是針對我個人，可能是因為大主管把單位最重要的案子交給

我負責，且這個案子不需經過小主管，我直接向大主管報告，或許因此讓她找不到存在感。

　　幾經考量，我並非不喜歡這家公司，只是不喜歡這位主管，於是我向大主管請求調部門（以上這些事我都沒有跟大主管說，只籠統的說不喜歡小主管的管理風格），否則我要離職。大主管當天晚上同意我的請求，我終於順利調動，不用待在這位小主管的部門。

　　俗語說：「人生不如意事十之八九。」藍老師笑稱：「職場不如意事十之九點九。」美國維吉尼亞大學心理學教授海特（Jonathan Haidt）說，聰明的人會做三件事：

　　1. 改變自己去適應環境；

　　2. 塑造有利的環境；

　　3. 選擇新環境。

　　當你已經改變自己去適應環境，並且塑造有利的環境都還行不通時，那就選擇新環境吧！

36
想要斜槓，建議社會新鮮人斜槓嗎？
» 菜鳥想斜槓，你站穩腳步了嗎？

　　「斜槓」這個詞這幾年紅翻天，「斜槓」一詞出自《紐約時報》專欄作家麥瑪奇阿爾伯（Marci Alboher）的書籍《雙重職業》。

　　阿爾伯說：「越來越多年輕人不再滿足於專一職業的生活方式，選擇以擁有多重職業和身分的多元生活。」這些人用斜槓（Slash /）來介紹自己一連串的頭銜或身分。

　　以我為例，樂生涯管理顧問中心執行長 / 勞動部共通核心職能講師 / 環宇廣播電台節目主持人，這是我最常用的三個頭銜或身分。我的頭銜和身分不只這些，還有很多，當這本書出版時，我又多了一個斜槓：「作家」，希望在大家的大力支持下，變成「暢銷書作家」。越來越多人跟我說想要斜槓，也問我該怎麼斜槓。

「想要斜槓，建議社會新鮮人斜槓嗎？」

我是支持的，但，是有條件支持的。我在大一就決定要考研究所，因為家裡經濟不怎麼好，所以我決定大學畢業後，先工作賺錢，再用自己的錢讀研究所。

因此，大學畢業後正職工作大概半年左右，我開始找兼職的工作，同時我有了第二個頭銜，「何嘉仁美語補習班中文作文教師」。我的正職和兼職，兩者都發揮了我的專長：說話和寫文章，我的正職是廣播節目主持人，我的兼職是中文作文老師。當年還沒有「斜槓」這個詞，但我是個名副其實的斜槓。

我的兼職工作不是在晚上，而是在假日，對正職的工作，我認為毫無影響。但事隔 12 年後，我的助理白天打瞌睡被大主管發現，主管叫我到他的辦公室說：「你的助理在打瞌睡，你沒看見嗎？」當主管是我大學時的目標，但當了 leader 或主管後，每每部屬出包，我都覺得自己超無辜的，因為我哪有辦法時刻看著他們？

不過，我知道把部屬管理好是我該做的。平常我要找助理時，我一喊她，她就從位子走來找我。這一次，我走到她的座位找她，果然看到她在打瞌睡，所以，主管還是得要「走動式」管理啊！我站在她位子旁喊她，她從睡夢中醒來嚇了

一跳。

　　我約她到一個安靜的地方跟她談話，她說她只是前晚沒睡好。但我察覺她的神色不對，我又觀察了好幾天，她真的常常在打瞌睡。我後來找她在辦公室的好友打探，終於問到她晚上在兼差的事。我告訴她：「我無權干涉你晚上做什麼，但你上班精神不濟打瞌睡，還是大主管發現告訴我的，我必須關切。」經過了一番溝通，聽說她後來把兼差辭掉了。

　　所以，我說原則上我支持「斜槓」，但是有條件支持的，這個條件就是「不要對你的正職工作造成影響」。我比較建議菜鳥的你，應該要**先在職場站穩腳步，再考慮「斜槓」**。

　　我的老同事 David，工作之餘為了幫助自閉症兒童接觸了烏克麗麗，愛上了這個樂器。一開始教授烏克麗麗只是斜槓，幾年後，竟然放棄工程師高薪工作，專心以烏克麗麗為業，並闖出一片天。

　　根據一份調查，國人斜槓的年紀以 30 至 39 歲最多。為什麼想斜槓？原因包括成為自己的老闆、擁有彈性的生活作息、隨時隨地都可以工作、不要被辦公室文化給綁住、追求個人興趣或熱情、賺更多錢、選擇自己想要的案子……等。

　　我的廣播節目《藍老師生涯學堂》中，做了斜槓族的系

列專訪，其中有一對夫妻，先生是一位工程師，太太是一位物理治療師，他們各自擁有正職工作，然而熱愛音樂的他們組了一個《啾咪殺手樂團》，先生擔任吉他手，太太擔任主唱和創作，這樣的斜槓很跳 tone ！夫妻一起斜槓，是很特別的斜槓！

37

怎麼樣才能快速升遷？

» 菜鳥想升遷，硬底子先練好！

　　進入職場的菜鳥，有人抱持著做一天和尚敲一天鐘，按部就班，穩定過日子；也有人抱持著強烈的企圖心，開始想著怎麼樣才能快速升遷，渴望精彩過日子。我在大二的時候，就設定未來在職場想當主管，因此修了不少管理學相關的課程，當時還發明了一句好笑的座右銘：「與其被豬頭管，不如管豬頭們。」

　　曾為華人首富的李嘉誠說：「**先升值，再升職。**」如果你想要在職場提升你的職位，就必須先提升你本身的價值。所以，提升自己的價值是你應該先努力的，當你更有價值了，才值得被升遷。

　　在我的職場經驗中，有兩次透過換工作而升遷。其中一次是被挖角，原本我在公司只是一個專案召集人，管理六個工讀

生,而挖角我的公司,提供我主管職及多了一萬元的月薪。大學時期就想當主管的我,毅然決然接受了這份挑戰。另一次則是應徵,我在原來的單位只是一個管理師,透過內部轉職,換到另一個單位擔任專案經理,薪水雖然沒變,但是有了比較好的職位,也是我比較喜歡的工作屬性。

還有一次升遷,是因為正主管被開除,這件事其實是個內幕,公司公告這位主管退休,但實情是他被開除了。當時 60 歲的他從另一家公司退休,到這家公司擔任正主管,隔年,我毛遂自薦到這家公司,總經理為 28 歲的我增設副主管。

沒想到一年後,正主管因為某個因素被開除了,我被高層約談,警惕我不能犯跟他同樣的錯誤。代理主管一陣子後,我升上來成為正主管,不過我的單位沒有因此再增聘副主管。

有時候在原公司升遷的機會少,如果想要升遷,換工作是一個選擇。但每當職場菜鳥問我有關升遷的問題時,我都會反問:「你覺得你可以當主管了嗎?」、「你為什麼可以當主管?」

怎麼樣的人可以成為主管呢?我認為至少要有下列幾點:一、良好的專業能力與績效;二、擅長溝通與人際互動;三、熟悉組織運作與企業認同。

公司要我在部門內升遷一位同事上來當小主管，讓他多幫幫我的忙。但總經理屬意的人選和我屬意的人選不同，他屬意同事甲，他在工作上很有企圖心，是相關科系畢業的；而我屬意同事乙，他在工作上很認真，跟同事的人際互動好，但他不是相關科系畢業的。

　　我為什麼不屬意同事甲？因為他跟一些同事的互動不是很好；而總經理為什麼不屬意同事乙？因為他太溫了，企圖心不夠。我心裡推測，為什麼總經理這麼屬意同事甲，因為他的企圖心強，所以很會在長官面前表現。

　　由於總經理和我對人選的屬意不同，這件事情也就因此延宕未決，董事長說，既然部門主管看法不同就先不要升遷，觀察一陣子再說。

　　以我親身經歷的這個案例來看，兩位人選差不多同時間進公司，他們對於組織的熟悉度與認同差不多。但一個專業較突出，一個人際溝通較佳。如果有個人選在專業和溝通上均優，那應該是最佳人選了。

　　著名的管理學者卡茲（Robert L. Katz）提出，管理者需具備的技能，依職位由高階至基層，可以分為：概念化技能、人際關係技能、技術性技能。基層的主管技術技能為重，但不

能沒有人際技能。我為企業培訓儲備主管時，我會告訴學員：
「提早為你的下個階段職涯做準備！」

　　你現在是基層主管，你以技術為本，但你要花時間精進你的人際技能；如果你是中階主管，你以人際為本，你要花時間精進你的概念技能。當然，菜鳥的你，當務之急要花時間精進你的技術，硬底子練好了，升遷才有望！

38
怎樣對主管提離職，可以好聚好散？
» 做好交接，好聚好散，不怕被打探！

　　根據人力銀行調查顯示，一生平均轉職次數約六至八次。若以四十年計算，平均約六年換一次工作。如何提離職，也是我常被問到的問題：「怎樣對老闆提離職，可以好聚好散？」會這樣問表示你是聰明人，知道在職場上應該好聚好散。

　　金融海嘯的失業潮，不少上班族被資遣。一次演講結束，聽眾大排長龍問我問題，一位女士說到她的遭遇，忍不住哭了出來，我看她情緒不穩，建議她是不是讓後面的人問完再換她問，她說沒關係，可見得他急需解答這個問題。

　　她說她連續找到兩份新工作，原本約好報到時間了，但都在預定時間前幾天被告知不必上班了。她問了原因，第一份工作沒告訴她，第二份工作告訴她，他們向她的前公司打探後，發現操守不好，所以單位主管改變心意，叫她不必來上班了。

　　這位女士告訴我，她跟前公司因為離職的事鬧得有些不愉快，前公司故意抹黑她。實情我當然不得而知，但這個真實案例凸顯了一個重點，離職要妥善處理，新公司可能會跟前公司打探你的表現。我在前面提到，工作三天不告而別，不辦離職手續，被公司列入黑名單的案例，也要引以為戒。

　　在職涯中我也換過好幾份正職工作，對於離職相當有經驗，不過我的離職哲學是，先暗中找到工作，談妥新工作才提出辭呈。主要原因是我從小窮怕了，我不想率性離職再找工作，我擔心找工作期間沒有收入。

　　我這樣的工作哲學有好處也有壞處。好處是，職場算是有道德，你還在職，你去應徵的公司不會去向你現在的公司打探工作情形；壞處是，你既然已經跟新公司談妥了，現在的公司如果要慰留你，就沒有轉圜的空間了。

　　提離職，首先是時間的問題，很多上班族會等領完年終獎金、放完農曆年假再提離職，因此農曆年假後會出現一波離職潮。不過，我都沒有在那樣的時間點離職，我會在想清楚並找好工作的時候離職。

　　離職要說什麼理由？根據調查，大多數人離職的真正理由是跟主管不和，但檯面上的理由多半是「生涯規畫」或「家

庭因素」。這就符合了所謂的「好聚好散」，但站在組織的觀點，無法了解真正的離職原因，就無法針對問題改善。

當你提出離職意願時，主管通常會跟你談離職時間，一般而言，希望有時間做好工作交接。以我來說，我通常都以一個月為離職時間，讓公司有充裕的時間找人並交接工作。

我曾遇到一個非常喜歡的工作，當場錄取我，卻不願意等我一個月，因為現任主管一個禮拜後就要離職，面試我的上級主管希望我能立刻接手。我提出了折衷方案，但不被採納，我覺得這麼短的時間內要離職，會為難到現職的公司，只好選擇放棄，後來看著這家公司蒸蒸日上，心裡難免感到惋惜。

曾有一份工作，老闆怎麼說都不願讓我離職，那時我的離職經驗不多，實在不知道該怎麼處理，於是我請教了我的大學老師。老師教了我一招，到百貨公司買一份禮物送給老闆，並寫一張卡片表明我對他的感謝，希望他能成全我出去闖一闖。因為我的老闆是女生，我特別挑了一個很漂亮的胸針送她，再加上一封文情並茂的信，這招果然奏效。

我離職的幾家公司，在我離職後都希望我再回去，可見我在公司的表現受到肯定，我的離職也處理得宜。

提醒你，漂亮轉身，為職場加分。

職涯老鳥期

39. 工作產生倦怠怎麼辦？怎麼維持熱情？

40. 工作如何兼顧家庭？

41. 我該培養第二專長嗎？

42. 什麼時候該轉職？工作不順利要轉行嗎？

43. 有升遷機會，我要接受嗎？

44. 同事很愛找麻煩，我該怎麼辦？

45. 遇見比自己年輕的主管該怎麼相處？

46. 怎麼向上管理？

47. 怎樣當一個好主管？

48. 怎麼避免中年失業？

49. 如何思考人生下半場？

50. 每一次的人生轉折點，要用什麼信念態度去面對？

39
工作產生倦怠怎麼辦？怎麼維持熱情？

» 溫熱你的初衷，工作不倦怠！

　　工作久了產生倦怠感，是很多人的經驗，遇到倦怠感提不起勁，甚至出現了是不是該換工作的念頭，你是不是也有這樣的困擾？「工作產生倦怠怎麼辦？怎麼維持熱情？」

　　我先來說一個真實的故事給你聽，我在某家公司工作時，內部轉調到新單位，新的單位在不同棟大樓上班，公司 8 點上班，不用打卡，所以大家也沒那麼準時。第一天我約莫 7 點 50 分要進大樓時，從大樓外透過玻璃門，看到一位個子矮小、頭髮斑白的大哥，在左邊的信箱投遞著郵件。

　　當電動玻璃門一開，他轉過頭，笑容滿面、精神抖擻對著我說：「美女早！」我也跟他說：「早！」他回過頭繼續做著他的工作，邊做邊哼著歌，一副愉悅的模樣，讓我印象深刻。

　　第二天，我大約也是相同時間進了大樓，這次我比他快

一步對他說：「早！」他對著我說：「美女經理早！」我嚇了一跳，他怎麼知道我是經理？於是我躲在轉角處觀察他，發現他對每一位進門的人都熱情打招呼，我覺得他是一個很有熱情的人。

上班後，我問了比較資深的同事，同事告訴我關於這位大哥的一些事。原來這位大哥是行政單位的同仁，已經退休了，以約聘的方式繼續工作。我猜他肯定也打探過我，才知道我是新來的經理。

過了幾天，這位大哥走進我們辦公室，拿著掛號信走到我的座位說：「偶像請簽名！」我簽著掛號信的回執聯，頓時覺得自己好像真的是偶像在簽名。過一會兒，我走出辦公室上廁所，遠遠看到大哥在大樓外正在發動他的小貨車，大聲唱著山歌離開，嘹亮的聲音連我在大樓內也聽得很清楚。他的工作看似微不足道，但他身上散發出開朗與活力。

故事還沒結束，我在這個單位做了三年左右後離職，離職後幾年，一次暑假我帶兩個孩子到大賣場買東西，遠處竟然有人大喊：「美女經理好！」原來是那位大哥，他快速的跑向我，鞠了 90 度的躬又說了一次：「美女經理好！」

我說：「大哥好開心遇見你，我已經離職了，不要再這樣

叫我了,你都好嗎?」

他又向我鞠躬:「美女經理永遠是美女經理,美女經理最好,美女經理最棒,美女經理值得學習。」他揮手喊他的女兒過來介紹給我認識。

至今我從那間公司離職十幾年了,這樣一個人物卻讓我難忘。不管離職前或離職後,我都不是他的主管,無法打他的考績,但始終無減他對我的熱情與尊敬。

我前面有提過「莫忘初衷」,這是我一直以來最愛鼓勵職場上班族的話,這也是對我非常有幫助的一句話,我經常問自己:「當初你為什麼選擇這份工作?」要不斷去溫熱那份初衷。

賈伯斯(Steve Jobs)曾說:「你的工作將占據你的大部分生活,真正令人滿意的唯一辦法,就是做你認為偉大的工作。而**做偉大工作的唯一途徑,就是熱愛你的工作。**」他也說,如果你還沒有找到你喜歡做的事情,請繼續尋找,不要停頓。

在職場中我最大的兩個決定,第一個是離開我最愛的媒體領域,到新竹的研究機構上班,我的初衷是「一家團圓」(當時我和 3 歲的大兒子住基隆,我先生住新竹,我的 1 歲小兒

子跟公公、婆婆住臺南）。

從媒體到研究機構，從主管到資深菜鳥，從離媽媽家很近到舉目無親，在工作和生活上我都面臨很大的挑戰。遇到不如意時，我都回頭想想「一家團圓」這個初衷，這個初衷始終支撐著我，也讓我感謝這份工作。

第二個重大決定是我在 38 歲時結束上班族的生活，成為自由工作者（專業講師），我的初衷是「説出影響力」，我希望自己走出組織，去影響更多人，我的座右銘是：「**改變，從一場好的演講開始。**」我很幸運，這條路上走了十幾年，我走遍了全國各縣市，至今仍秉持著我的初衷繼續前進。

40
工作如何兼顧家庭？
» 工作盡責無愧，家庭用心無悔！

　　工作和家庭兼顧，是非常多上班族關心的議題，尤其是女性上班族，因為在我們的社會，照顧家庭的責任大多數還是落在女性身上。面對工作和家庭的職業婦女，真是兩頭燒啊！而我正是一個企圖兼顧工作和家庭的職業婦女。

　　工作和家庭兼顧，真的非常不容易，早期有南部的公公、婆婆和北部的爸爸、媽媽幫忙外，還有褓母協助，才能安然度過。但考量到和先生及孩子分隔三地的問題，於是我決定換工作，跟先生一起在新竹定居。

　　我先隻身到新竹適應新工作，半年多後才把孩子陸續接到新竹，兩個孩子剛到新竹時，一個 4 歲、一個 2 歲。為了家庭，竟然放棄我最熱愛的媒體工作，先生至今偶爾還會提起：「你當初離開媒體真的很可惜，你非常適合在媒體發展。」

到了新竹，雖然一家團圓，但職業婦女的真正挑戰才要開始，因為毫無家人可以支援，還記得小兒子剛來新竹讀托兒所，一年內住了三次醫院；大兒子讀幼稚園時，一年內超過八次扁桃腺發炎發燒。那段天昏地暗的日子，如今回想起來，自己應該是靠著強大意志力撐過去的。

　　我很感謝我的同事，早上先生送兩個孩子去托兒所和幼稚園，下班後，不會開車也不會騎車的我，幸虧有熱心同事主動載我下班，並去接兩個孩子回家。

　　我也很感謝我的大主管，經常開會開到接近下班時間時，他就會說：「如瑛，你不是要接小孩嗎？你趕緊先走吧！」如何兼顧工作和家庭呢？中午時間我幾乎沒有午休，甚至請助理幫我買便當，我只能更努力的工作，因為必須準時下班接兩個小小孩。

　　至於先生，他在園區工作，怎有可能準時下班？我先生常說：「以你的能力，你比我適合在園區工作。」但我自己清楚，怎麼可能兩個人都在園區？一個人忙，另一個人要能兼顧小孩才行。

　　一次午餐時間，我的助理去歡送別的助理，沒能幫我買便當，我一個人前往餐廳路上，邊走邊想著工作上的難題……不

料，「碰」的一聲，我竟撞上了玻璃門，不僅滿口是血還撞斷了一顆門牙。為此公司數十棟大樓的玻璃門，都貼上紅色圈圈貼紙以為警示。

除了善用中午時間，小孩晚上 9 點睡覺後，等我忙完了家事，就是我趕工作的時間。同事們不只一次告訴我：「辦公室只有你一個人準時下班，大家都很晚下班，小主管和大主管也都很晚才走，你不怕這樣考績會不好嗎？」

我告訴他們：「每個人都有自己的限制，我別無選擇必須準時下班，這部分是我的弱點，但每個人也有自己的強項，我知道該怎麼做。」

我也知道很多同事喜歡在背後講一些有的沒的，不過我向來問心無愧，不會受到太大的影響。在一次的會議中，大主管竟然當著大家的面說：「如瑛的上班時間，我一點都不在意，上班只是一種形式，她從來不會因此拖延到任何工作！」聽到這樣的話，是對工作和家庭兩頭燒的我最大的肯定，而且我的考績也不差。

說實在的，職業婦女與孩子的相處時間非常有限，整天工作回到家也累了。早期我在北部媒體當新聞主管時，只有我跟大兒子兩人一起住，晚上 7 點才下班，到媽媽家把孩子接回

家後，我已經累癱了，2 歲多的兒子找我玩玩具車，我只能跟他說：「媽媽好累，你自己玩。」他便不吵也不鬧的自己玩起來，而且還說：「這部車是我的，這部是媽媽的，我先開，接下來換媽媽……」一個人扮演兩個角色，玩得津津有味。

日復一日，突然有一天我頓悟了，我心裡跟自己說：「你上班 10 小時，跟這麼多人那麼熱情的講話，你才看到兒子不到 2 小時，怎麼都不跟他講話、不陪他玩呢？」那天晚上，兒子還是一如往常：「媽媽你今天要跟我一起玩車嗎？」我說：「好啊！」他那喜出望外的表情，至今我都印象深刻。從那一天起，我下了班還是打起精神來陪孩子，一直沒變過，因為家人才是我應該最在意的。

多年後，一次在桃園婦女館演講，臺下一位聽眾舉手問：「老師，您為什麼可以這麼成功？」我回答：「你所謂的成功是什麼？如果是指年薪 300 萬元，我沒有，我沒有資格回答這個問題。如果是工作與家庭兼顧得很好，我有，我才有資格回答你這個問題。」

對工作的認真是應盡的責任，對家庭的付出是天經地義。成為職涯顧問，讓我可以用我的職場經驗，去協助更多上班族和主管們。沒想到，也經常應邀擔任親子講座講師，用我的教

養經驗去協助更多家長們。

　　知名職涯規畫大師舒伯（Donald E.Super）提出的「生涯彩虹圖」，認為在個人發展歷程中，有很多角色需要扮演：兒童、學生、休閒者、公民、工作者、家庭照顧者，六個不同的角色，互相影響交織出個人獨特的生涯類型。各角色間是相互作用的，一個角色的成功，將為其他角色提供良好的基礎；反之亦然。

　　舒伯也指出，如果為了某一角色的成功付出太多代價，也有可能導致其他角色的失敗。我很清楚，工作再成功，如果家庭失敗了，這絕不是我想要的。我是個工作和家庭兼顧的婦女，**不委屈、不犧牲**，**愛自己選擇的人生**。你打算為自己繪出怎樣的生涯彩虹圖？

41
我該培養第二專長？
» 你該培養第二專長，但你有第一專長了嗎？

　　多數的上班族，工作久了容易產生倦怠感外，還會開始思考，要不要再進修？要不要培養第二專長？現在進修的方式很多，不一定要讀研讀博，但若學歷是你需要的，那就去讀吧！想清楚再行動很必要。至於要不要培養第二專長呢？我的答案是支持的。

　　你知道人才演進的歷程嗎？以前的人才是「I」型人才，英文字母的I，代表人才必須要有一個專長，這個專長要長期的投入，要夠深。後來，發現I型人才不夠，需要「T」型人才，代表人才不只要有一個深度的專長，還要有廣度，在英文字母I上面加一橫變成T，那一橫就是廣度。舉例來說，讀大眾傳播科系，傳播相關的知識叫做專長，屬於深度；傳播系必修政治、經濟、社會、心理等，這屬於廣度。

　　T型人才已經非常棒了，豈料金融海嘯一來，一隻腳站不穩應聲而倒，於是需要「π」型人才，也就是需要兩個深度的專長，由這兩個深度的專長架構出來的廣度就更廣了，而π型人才也可以說是這幾年很夯的跨領域人才。

　　在這個瞬息萬變的知識經濟時代，單一知識已經無法因應未來的變化，我建議你培養第二專長。什麼時間適合培養第二專長呢？你先確定自己是不是已經有第一專長了？架構在第一專長上的廣度有了嗎？我的建議先成為「I」型，再成為「T」型，最後才成為「π」型人才。

　　知名民歌《龍的傳人》原唱人李建復，就是一個典型的「π」型人例子。李建復在大學時期以一首《龍的傳人》傳遍大街小巷，當時的他是個「I」型人才。由於聲名大噪，接觸的人多了、廣了，視野開闊了，他開始嘗試不同的民歌曲風，還籌組工作室「天水樂集」，儼然已經從「I」型轉型成為「T」型。到後來，他毅然決然到美國攻讀研究所，並且轉戰到資訊網路產業發展，甚至擔任過雅虎（Yahoo）臺灣總經理，這時的他已經是名符其實的「π」型人才。

　　什麼時候適合培養第二專長，沒有一個標準或規則可循。一般來說，十年可以養成一個專業。

說到第二專長，**比第二專長更為重要的是學會如何學習。**很多上班族常問我：「進入職場後怎麼持續學習？」學習真的無所不在，讀一本好書可以學習，看一部好電影可以學習，聽廣播節目也可以學習。推薦你收聽我主持的廣播節目《藍老師生涯學堂》，節目系列有：職場 A 咖、A 咖講堂、求職大作戰、職涯會客室、空中家長日、爸媽同學會、健康百分百、生涯圓夢等，我的節目不但在現在很夯的 Podcast 能聽到，也有 YouTube 版。

我曾在一家大型公司上班，那時忙工作又忙家裡的兩個小小孩，我發現自己一直在 Output，沒有 Input，整個人很匱乏。於是我做了兩個改變，利用上班等交通車的小片段時間看書，沒想到日積月累下來看了好多書啊！

此外，我到福委會查詢了公司的社團，我驚訝這麼大的公司，約有兩百個社團，當中竟然沒有閱讀社。於是我就著手成立了閱讀社，並成為創社社長，每個星期二中午大家一起吃便當、一起讀書。一個月四個中午，我們讀完一本書。另外每季辦理一場大型閱讀講座，邀請閱讀名人分享。

全球的教育界都在引導學生：「**自己想要學，學會怎麼學。**」在職場的你呢？

42
什麼時候該轉職？工作不順利要轉行嗎？
» 轉職轉行都行，做一行像一行！

　　不少人問我：「什麼時候該轉職？」我通常會反問：「為什麼要轉職？」重點是為什麼轉職，而不是什麼時候該轉職，不要為了轉職而轉職。我的長輩那一代，很多人可能一輩子只做一份工作，待同一家公司。但到了我這一代，已經很少人可以一輩子只做一份工作，待同一家公司。如果有，真是要對他肅然起敬，還要好好跟他討教討教。

　　轉職，也就是換工作，古老有一句話：「一年換 24 個頭家（臺語）。」是用來形容一個人心性不定，一年換了 24 個老闆，在以前那個年代應該是一個極端的誇飾法，但我在演講的現場，卻遇過一個很類似的個案。

　　一位約 30 歲的年輕人，他 10 個月間已經換了 12 份工作，每一份工作平均做不到一個月。我告訴他：「要穩定下

來，不然只會越來越難找工作。」因為穩定性不高的人，主管聽了也會怕，但是他回答我：「餐飲業很缺人，很好找工作。」這是十年前的個案，在疫情衝擊下，很多知名的大飯店都撐不住停業了，是不是還如他說的「餐飲業很缺人，很好找工作。」恐怕要畫上大大的問號吧！

我有不少的轉職經驗，包括被挖角、毛遂自薦和看報紙投履歷表。什麼是毛遂自薦？就是那一家公司儘管沒有職缺，但我很想進那家公司，於是自己寄了履歷表過去，希望能到那家公司上班。

那個年代雖然有網路，但是很多公司還沒有企業網，我知道這家公司，但不知道該公司的總經理是誰，當時還是紙本履歷表的年代，我只好郵寄了履歷表到該公司，信封上寫著「總經理鈞啟」。不過一直都沒有得到回應，心想或許石沉大海，沒想到約一個月左右，竟然接到總經理祕書的來電，安排我跟總經理面試。我只是想應徵記者，沒想到總經理竟為我增設了副主任的職位，而這工作後來也成為我做最久的一份上班族工作。

工作不順利要轉行嗎？我也要問你：「工作為什麼不順利？工作不順利，你做了什麼改善或努力？」很多的問題都有

待思考和釐清。不是為了轉行而轉行！

轉行，也就是換不同領域的工作，這真的是一大挑戰，沒有十足的準備，你最好不要輕舉妄動。如果你只有一個專業，那真的別輕易轉行！

我也曾有過轉行的經驗，從媒體轉行到研究機構，表面上是轉行，但一開始，其實工作本質還挺接近的。我在媒體擔任主管，很多發布新聞的單位，希望媒體去採訪，簡單的說，我就是在決定哪些新聞要採訪的人。

而我到了研究機構，是擔任媒體企畫管理師，一部分的工作是發布新聞給媒體，希望媒體來採訪。這部分的工作我做起來駕輕就熟，跟過去的工作只是主客易位。因為我做得非常好，一下子便成為亮點，我們單位的記者會都由我擔任主持人。但另一部分的工作，計畫管理和執行，對我而言真的是大大轉行了，因此只得利用假日好好學習專案管理。

轉行有兩個很重要的重點，第一是態度，要懂得彎腰，以前我是部門主管，尤其是媒體主管影響力還真不小，出門有採訪車載我。轉行後，我是資深菜鳥（年紀上資深，經歷上菜鳥），出門只能搭交通車。第二是專業，要學習新的專業，既然是轉行，就是跟以前不一樣，必須有專業才能生存。

後來我結束上班族生涯，成為職業講師，有一次我為勞動部的「就業多媽媽」進行教育訓練，中場下課時間時，一位學員到臺前來找我，她說：「老師，您是以前在媒體的藍如瑛嗎？」我回答她：「是啊！」原來以前我曾採訪過她，她非常訝異並敬佩我，怎麼能做每一行都做得這麼好，她也是轉行，她說：「老師，我要向您學習！」

　　你千萬別「做一行怨一行」，你要「**做一行像一行**」！

43

有升遷機會，我要接受嗎？

» 升遷機會出現，勇於接受挑戰！

　　職場升遷是很多人的期望，但當升遷機會來了，你可能又陷於抉擇。曾有一位在新竹科學園區工作的上班族，他的主管告知要升他當主管，他不知道該不該接受，於是找我諮詢。我用了一個測驗工具協助他，但工具只是參考，個人的真實狀態才是最重要的。

　　這位男士從來沒有想過升遷這件事，他就是好好把工作做好。他沒有擔任過主管的經驗，對於自己有沒有辦法當主管顯得沒有信心。我告訴他：「其實上面在挑主管人選時已經評估過，一定覺得適合才會選你當主管。」他告訴我：「我的專業沒有特別強，我的年資也不是最久的。」我告訴他：「上面肯定看到除了這兩個以外的優點。再來，可能是那個專業最強的年資太淺了；或是那個年資最久的，專業太弱了。還有，

態度、溝通和團隊合作等，都會是在挑選基層主管時的考量點。」他想了想我說的話，點了點頭。

接著我跟他談：「如果接了主管，你擔心的是什麼？」、「如果不接主管，你的下一步呢？」我透過一連串的問題協助他思考。

我先生也在竹科上班，多年前也被公司主管徵詢是否願意調到中科上班，如果願意可以有機會升遷。我先生跟主管說：「我回去跟我老婆討論一下。」遇到升遷的機會時，或許你可以自己做決定，但遇到調到外地工作的問題，有家庭的上班族肯定需要跟家人做些討論。

先生利用中午休息時間先打電話告訴我這件事，下班回家後再跟我討論，我們考量到孩子的教育問題，於是打算隔天上班時跟主管婉拒，沒想到主管卻說已經有人願意去中科。可見得只要有升遷的機會，很多人還是積極把握。

雖然那時我們的孩子才讀小學，我們卻已考量到新竹有兩所好的國立大學，因此放棄了這個機會。現在我們的孩子在其中一所大學讀書，我在另一所大學輔導學生，事過境遷，得失之間很難論定。

談到升遷，有不少女性問過我：「職場會不會因為是女

生,所以升遷機率就不大?」這個問題很難一概而論,不同產業可能有不同的情況。過去職場確實在兩性工作平權上有很大的差異,但隨著女性在職場上的優異表現,和相關法規的制定,女性在職場比過去受到更好的對待。

但身為職涯顧問的我,還是要誠實的告訴你,在職涯發展上,女性確實比男性受限多一些,也比較辛苦。一部分來自職場的傳統觀念改變沒這麼快,一部分來自女性自身,我相信很多女性跟我一樣,在選擇工作時會考慮到是否能兼顧家庭,尤其是孩子的照顧。

根據人力銀行 2019 年的調查,超過一半的女性上班族覺得職場性別歧視嚴重,過半數曾遇到升遷不公平的問題,女性主管比例只有四分之一,就連找工作時都會被追問婚育計畫,職場平權仍有待提升。

談到升遷,我想起一次演講結束後,一位聽眾到臺前來問我:「我曾聽一位演講的講師說,職場下班後要交際應酬才會升遷得快,是嗎?」

我說:「現在講師滿街都是,不是每個講師說的話都可以信哦!」我還猜中了他所指的這位講師是誰,這位聽眾冒出崇拜我的眼神。

我告訴他：「如果職場要靠下班交際應酬才會升遷，我不會這樣做。但如果你會做，或別人會做，我也只能尊重。」

　　曾有一位來臺讀大學的外籍學生，畢業後回到她的國家，進入最高薪的公司工作，她讀大學時修過我的課，她寫了一封電子郵件給我，告訴我，她雖然如願以償進到她最想要的公司，但同事下班後都去喝酒吃飯，只有她沒去，同事對她酸言酸語，讓她很難受。

　　她問我：「下班後需要跟同事去交際應酬嗎？」我是不喜歡交際應酬的，不管認識我或不認識我的同事問我，我的答案都一樣。喜歡交際應酬的人你們去吧，但也請尊重不去交際應酬的我們。

　　我在職場的上班族生涯有十四年，嚴格説來我沒有遇過內部升遷的機會，只有一次是正主管被開除，擔任副主管的我代理一段時間後，升上來當正主管，而這也是在公司和我的預期之中。如果我有機會被徵詢要不要升遷，我的答案肯定是：「我願意。」當主管是我大學的志向，縱使當過多年主管後，我覺得主管難為，但我仍願意接受挑戰。你呢？

44
同事很愛找麻煩，我該怎麼辦？

» 同事愛找麻煩，別跟豬打架！

　　做事容易做人難，是職場上班族普遍的體認。上班族星期
一到五跟同事相處的時間，比跟家人相處的時間還要長，怎麼
跟同事相處，這樣的職場問題詢問度最高，其中又以主管難相
處、老鳥欺負菜鳥的問題最多。就算你已經是老鳥了，你可能
還是會遇到跟主管相處的問題，還有跟同事相處的問題，像是
快被菜鳥氣炸了。

　　當然，號稱「打工女王」的我，從小在職場打滾，體悟良
多。我算是很有長輩緣，跟主管相處算是良好，我的心得是，
越大的主管越賞識我，越小的主管可能覺得我有威脅性，會防
備我，甚至小鼻小眼睛對待我。

　　此外，我在職場曾經被大我 20 歲的部屬拍桌子怒吼，也
曾經被隔壁部門副主管的不按牌理出牌氣哭，曾被隔壁部門主

管改了數十次的海報設計，改到設計廠商不想做。這些職場歷練，真是我的血淚史啊！

有位粉絲留言給我：「同事都愛國罵，我該不該換工作？」超傻眼的，我真好奇是怎樣的公司，這麼沒氣質？現在的大學生或高中職生，很多人都經常滿嘴幹話，我提醒他們不要這樣說話，他們竟告訴我：「幹，是現代人的發語詞。」真是令我無言！

網路上還流傳，法官覺得「幹」不是罵人字眼，不需判賠，這真的不知該怎麼教育下一代了。同事都愛國罵，如果是我，我不會喜歡這樣的氛圍，如果我也無力影響或改變的話，會另外找到工作後離職。

也有聽眾留言問我：「當工作上的理解及執行方面，與儲備主管有不同的地方，該怎麼應對及處理？」我建議把你的理解和執行方法與儲備主管當面溝通，你好好聽聽看，為什麼他覺得要採用他的方式，有什麼樣的考量？你也可以把為什麼要採用你的方式，好處在哪裡，說給他聽。

充分溝通後，如果他還是覺得依照他的方式比較好，那就依照他的方式吧！他要你採用這種方式，如果這樣做了不妥，應該也不會把責任往你身上推；但如果你用你的方式做了後，

結果不好，他就會要你扛責任了。

　　同事愛找麻煩，重點在於同事的出發點和你的感受。若不關他的事，他卻愛插一手，這樣的同事根本不是找麻煩，而是製造麻煩。在職場上我最不喜歡的同事非她莫屬了，她是大主管的助理兼辦公室助理，一副跩樣，我本來就不怎麼喜歡她。

　　而她居然叫我所掌管的計畫約聘人員，幫她擦櫃子和澆花。明明辦公室有外包的打掃阿姨，竟然把新進同事當成打掃的人，就算很緊急找不到打掃阿姨，難道自己不會做這些事嗎？就算要找我底下的人幫忙，是不是也該經過我的同意？

　　不僅如此，當我後來調到新單位後，舊單位的同事下班時還是會來載我，她竟然當著同事的面說：「幹嘛為了一個女人這樣？」我得知這件事後簡直氣炸了，是同事叫我不要去找她理論，否則我可想衝回去好好教育她。

　　有上面這種誇張的助理，也有下面這種誇張的主管。公司因人設事，硬生生把我下面的一組同仁轉移至另外一個部門，讓一位新來的副主管接手，因此造成在人力和設備使用上的問題叢生。

　　劃歸別部門底下的那一組同仁只有三個人，很多案子無法承接或製作，所以該部門的副主管經常來找我借人，但他都不

事先規畫溝通，總是臨時起意的做事風格，讓我非常不喜歡。

　　他經常跑來說：「今天晚上給我三個人！」我說：「為什麼臨時找人？」他說：「有加班費！」我說：「現在的年輕人不一定想加班！」他說：「你這主管是怎麼當的？叫誰加班就加班，叫不動啊？」如果我不配合他，他就會說：「那我去跟總經理說！」他是總經理找進來的，就是喜歡搬出這張牌。

　　某一次的爭執中，我被他氣哭了，我部門的同事都嚇到了。隔天，一位同事拿了一張 A4 紙張來找我，白的那一面朝上，顯得有點神祕，他說：「藍姊，我出去你再看喔！」我當時閃過的念頭是，他是不是要離職啊？他還沒走出辦公室，我便迫不及待翻過來看，是一本書的封面書名《別跟豬打架》，副標題為「你會惹得滿身泥沼，豬會很開心」。

　　我把這張紙用磁鐵棒吸在我的桌前隔板，有一天，那位愛找麻煩的副主管又來了，人還沒到聲音就先到：「藍主任！」埋首工作的我抬頭正好看著這張紙，我在心裡說著：「豬來了！」這次我沒有被他氣到，反倒是他氣呼呼滿臉通紅的走了。這句話從此成為我的魔咒，只要有這樣不講理愛找麻煩的人，我就會念這句魔咒：「**別跟豬打架。**」

　　你也可以有一句讓你情緒安定的魔咒！

45
遇見比自己年輕的主管該怎麼相處？

» 主管比你年輕，把自己當作諸葛亮吧！

　　考完大學聯考的那個暑假，我正式到職場打工，雖然在此之前我已有多份打工經驗，但都不是在正式的公司工作，而是像選舉宣傳車廣播播音員、擺地攤等。18 歲第一次到工廠打卡工作，我對主管的印象是「又老又凶」，不過這只是我的第一印象，也是刻板印象。當然，後來的職場歷練，我修正了我對主管的刻板印象，職場的主管不見得「老」，當然也不見得「凶」。

　　雖然我在家中排行老二，但每當爸爸、媽媽外出時，家裡重要的事情都交代我，因此我從小就有一個觀念，「年紀」不是問題，「能力」和「信任」才是重點。

　　遇見比自己年輕的主管該怎麼相處呢？我在職場沒有遇見比自己年輕的主管，但我卻管過很多比我年長的部屬。

一位中年上班族在演講結束問我：「我的主管比我年輕，他好像處處在防著我，我也不太知道怎麼跟他相處，我是不是該離職比較好？」面試前，你不會先知道主管的年紀，主管年紀大或主管年紀小，對你的工作有什麼影響？難道選工作的標準，還要多一個「主管年紀」嗎？

我 27 歲時擔任專案召集人，管了 300 萬元的預算，加上 6 個工讀生。我 28 歲當上部門主管，部屬的年紀有的比我大，有的比我小。

沒多久，公司合併了另一家公司，董事長召集所有部門主管，告知我們合併的相關事宜，其中董事長提到：「合併之後，被併的公司主管全部撤銷，由我們公司的主管擔任合併後的主管。」他還特別再三強調：「從他們併進來的第一天開始，千萬不要喊他們 X 經理，喊他們的名字就好，要讓他們知道經理只有你一個。」

這是我生平第一次遇到公司併購，但我的處境有點尷尬，我那時才 28 歲，部門經理出缺，我是代經理，當時才剛到公司未滿三個月，我的部屬 6 人。而將要被併進來的部門，經理 33 歲，他在該公司很多年了，他的部屬有 13 人。我感覺到以小併大的壓力，年紀小，規模小，但上面的政策已訂，不

能不遵行。

　　合併後的第一天，我看到這位主管時，我想起董事長說：「喊他們的名字就好，要讓他們知道經理只有你一個。」不過我並沒有直接喊他的名字，而是喊他「大哥」，他很客氣的說：「經理，你喊我的名字就好。」雖說我有些尷尬，但我對自己還是很有信心的，我也樂於接受這樣的挑戰。

　　也因為這些歷練，我在後面的幾份工作，管理到不少年紀比我大的部屬，甚至大我 20 歲，我也淡然若定。《高年級實習生》這部電影中，劇中的實習生年紀比主管大那麼多歲，還是能一起共事，可見心態和信任非常重要。年輕的主管和年長的部屬都要有正確的心態，也要能互相信任。

　　十幾年的職涯諮詢以來，我都這樣引導遇到這類問題的上班族：「你覺得三國的阿斗厲害，還是諸葛亮厲害？」、「你覺得諸葛亮厲害嗎？」、「你覺得你和諸葛亮誰厲害？」、「諸葛亮都能輔佐阿斗，你不能輔佐你的主管嗎？」這時很多人都豁然開朗。我想告訴你的是：**不要跟主管爭，幫助他，讓他需要你。**

　　多年的職場經驗，我非常喜歡四、五年級生，他們非常「好用」，穩定度高又踏實可靠。有一次，大主管要我幫忙增

設一個新的部門，我原本的工作已經快要分身乏術了，哪來的力氣幫他增設新部門。但是拗不過大主管的請求，我跟他開了一個條件，我要把我在前單位帶過的一位資深部屬找過來。

大主管覺得這樣的人年紀太大（比他還大 10 歲以上），再加上學歷太低，然而在我的堅持下，主管勉為其難的同意了。新部門後來順利的成立了，這位年長的部屬有很大的貢獻。後來當我要離職時，她也跟著離職，大主管主動慰留她，她說她只想跟我一起工作，當初也是為了我而來的，最後，我們都離開了，我很謝謝她的情義相挺。

46

怎麼向上管理？

» 向上管理，勇敢敲主管的門！

　　「我覺得主管很豬頭。」、「我覺得老闆很沒腦！」太多人跟我抱怨過他們的主管或老闆。想想你的主管或老闆真的有這麼糟嗎？他們是怎樣爬到這個職位的？你可能會告訴我：「靠關係。」這也是他的本事，表示他很會經營關係。跟主管相處的問題，是職場上最惱人的問題啊！

　　當你問我：「怎麼向上管理？」表示你的職場道行不錯，職場上確實要學會「向上管理」，我要勸你別跟主管嘔氣，氣死了沒人替，也別跟老闆鬥，公司是他的。

　　怎麼向上管理？回到最初的原點吧！讓你得到這份工作的是誰？應該是他，你的主管通常是面試你的人。當然，在我的職涯中，我也遇過主管不是面試我的人，我回想起來，跟不是面試我的主管相處起來，比較沒那麼順，因為對於面試我、錄

取我的人，我心中都懷抱一份感激，他應該對我的才能有一定的賞識。所以，「把主管當成你的貴人」，你可以試著找回這樣的心態。

接下來，想要做好向上管理，把你的思維模式切換到「如果我是老闆我會怎麼想」？換位思考才能讓你不會陷於一己的觀點中。你應該知道，主管喜歡自動自發的人，因此，**別讓主管來催你的工作，永遠早一步完成**。若你已經是熟鳥（非菜鳥也非老鳥）上班族，還需要老闆催促工作，我會覺得你還不及格。

當你遇到問題時，**勇敢敲主管的門，帶問題也帶答案，要帶兩個以上的答案，每個答案都要你可執行**。切記！你在職場的價值不是反應問題，而是解決問題。別只問主管：「這該怎麼辦？」而應該是：「這個問題，我目前想到有兩個解決方案，A案……B案……，可不可以請您給我一些意見？」或許主管這時候會說：「A和B我覺得都不恰當，我覺得應該採取C案……」

縱使主管另提方案，但在主管心中知道你已經盡力去設想了。為什麼每個答案都要你可執行？因為談完之後，主管可能會說：「就採B案，你去做吧！」這時如果你說你無法執行，

這不是在哈囉嗎？

　　「**功勞要歸於長官，榮耀要獻給團隊**」，向上管理不是逢迎拍馬屁，但必要的尊重與倫理不能忽略。在職場受到外界或業主肯定時，我一定是把功勞給我的主管們，還有給我的團隊夥伴們。尤其在電視臺工作那幾年，我除了是部門主管外，同時也是節目製作人和主持人。一個電視節目，幕後需要非常多的工作人員，導播、攝影、燈光、音效、視訊、字幕、化妝等。我曾獲得行政院新聞局《金視獎》最佳時事論壇節目主持人，儘管那是個人獎項，但如果沒有長官指派給我這份工作，沒有同仁的團隊合作，我一個人是無法獲得這樣的榮譽。

　　管理學大師彼得杜拉克（Peter Drucker）曾提出十個祕訣，幫助你做好向上管理：

　　1. 自信，不自傲；
　　2. 尊重，不卑下；
　　3. 服從，不盲從；
　　4. 決斷，不越權；
　　5. 親近，不親密；
　　6. 多聽，但不等於閉嘴；
　　7. 不居功；

8. 勇於表現自己，但不可鋒芒畢露；

9. 堅定不移的支援長官；

10. 無私、顧全大局。

最重要的是「別怕老闆」，很多上班族在心態上很怕老闆，老闆也是人，你要設法「懂老闆」，他也會感受到你對他的用心。有一次，總經理到我的辦公室（我是部門主管）找我，要我陪他一起去參加一場公祭，我請他先坐著等一下，我去換個外套，這時我也注意到，他的領帶是紅色系的不適合。

我說：「總經理，要去參加公祭，您這紅色系的領帶比較不合適，您要不要換一條領帶？」總經理這才驚覺並說：「非常謝謝你！你真細心！那我把領帶拆掉好了！」我跟總經理說：「那場面應該很大，以您的身分還是要繫領帶，您辦公室有適合的領帶？還是我找一下我這裡的領帶（因為工作需求，我們有置衣間）？」總經理說：「我辦公室應該有，我去看看。」我說：「不用您跑一趟啦！我幫您處理。」

於是我打了通電話給總經理祕書，請她幫總經理找一條合適的領帶，送到我的辦公室，我並告訴她：「以後總經理外出時，請你幫他留意一下。」一會兒，祕書送來了三條領帶，我幫總經理挑了一條。

　　又有一次，總經理來找我，約下午一起出席一場公聽會，我發現他的頭髮太長了，建議他應該修剪，他臉紅著說：「最近實在太忙了，這是我最久一次沒剪頭髮，竟然被你發現了！」我盤算了時間，由於實在非常急迫，於是情商了我的設計師幫他剪髮，讓他下午可以帥氣的出席公聽會。

　　從此以後，總經理只要有重要活動，就算不需要我同行，他也會繞到我的辦公室問我：「我今天穿這樣可以吧？」當聽到我說：「很棒，太帥了！」他都笑得很得意的離開。

　　記得他離職前，所有部門主管歡送他的時候，他幾杯酒下肚後，當著大家的面說：「所有主管裡，我又愛又恨的主管就是如瑛，因為她最有意見，常常給我出難題，但我也最感謝她。」多年後，我接到他的電話，他在另一家公司擔任總經理，我也離開了那間公司，他遇到一個問題，還打電話來詢問我的意見。

　　職場老鳥的你會發現，從踏進職場的第一刻起，處處要學習，學習自我管理，學習被管理，學習向上管理，學習管理部屬……。保持學習的心態與習慣，你會看見自己的成長。

47

怎樣當一個好主管？

» 好主管，要有好情商！

　　在職場終於當上主管，怎麼當一個好主管，這是很多新手主管很想知道的答案。不少新手主管選擇去學校修課，這幾年各校都極積推動 EMBA（高階管理碩士班），招生的情況都非常好。學習是好事，但知識不等於力量，我常告訴學生：「**知識要化為行動，才能產生力量。**」

　　我在大二時，就希望未來在職場上能當主管，於是我開始修了一些管理相關的課程。在管理學上，我學到一個理論叫做「彼得原理」，在組織當中，每位員工都將升遷到他無法勝任的職位為止。

　　當時毫無主管經驗的我開始思索，組織會為了升遷而升遷嗎？組織升遷一個人時，只看他的年資，而不管他適不適任嗎？很多問題湧現我的腦海。等我在職場當主管時，我又想起

了彼得原理,「我能勝任這個職位嗎?」、「怎麼把這個職位做得好?」

很慶幸我立志得早,在大學修過不少管理相關的課程,管理學、心理學和管理心理學,在研究所修過人力資源管理等,都對我擔任主管工作很有幫助。更幸運的是,大學畢業後,在職場的第一份全職工作,是在《商業周刊》的廣電小組製作主持帶狀的廣播節目,節目內容分為兩條路線——金融和管理。

主管詢問我和同事的意願,比我早到公司兩個月的同事是中文系畢業,他選擇管理,而大眾傳播系畢業的我也選擇管理(因為我是數字白痴,關於金融我真的是絕緣體),最後主管決定讓我負責管理路線。

在那一年,我採訪了很多國內企業的 CEO 和傑出經理,透過採訪,簡直上了免費的 EMBA。一位 CEO 分享了他的管理哲學:「麥克阿瑟說:『你為士兵加一塊錢,他不一定會賣力工作,但當你跟他情感上有互動時,他會為你戰死在沙場。』」這句話非常震撼我,當時還是菜鳥記者的我,在心裡想著:「有一天我會當主管,我要用行動來驗證這句話。」

「**帶人要帶心**」是職場主管們最常講的一句話。怎麼樣叫做「帶心」呢?我一直嘗試尋找答案。以前新聞工作的工時很

長，早上九點上班，晚上七點下班。下班了，主管不走，大家都不敢走，我這個副主管也不例外。幸好當時我的孩子幼稚園放學後，娃娃車載他去外婆家，讓我可以沒有後顧之憂。

後來我當主管時，下班時間到了，我還有事要忙，我叫同仁們先走，他們卻一副很忙的樣子，沒人先走。過了一會兒我下班了，載我的同事的車才剛從後停車場開到公司前門，我突然想到一件事，打電話回辦公室時，電話響了很久卻沒人接了。這時我深刻意識到，原來我還沒走他們不敢走。從隔天起，我努力成為辦公室準時下班的第一人，下班時間到了，部屬想下班的心，我理解了。**帶心不是一味討好，而是要抓大事放小事，知道員工心裡事。**

公司營收不好，幾年都沒有調薪，同仁士氣有些低迷。我發現新進同仁的起薪，竟然比在公司待兩年同仁的薪水還高，這樣的現象真的很不合理，於是我向總經理提出了「結構調薪」。我花了很多力氣跟總經理溝通，終於把低於新進同仁起薪部分的同仁薪水調高，當我這樣做的時候，那些被我調整的同仁，整個士氣都帶動了。

主管帶領部屬的三個基本功：

1. **關心**：別只關心部屬的工作進度，也關心一下他工作

上的困難，關心一下他工作外的生活。部屬向你報告時，記得要認真傾聽。

2. **肯定**：不要全面推翻部屬的提案，只是籠統說「這不行」，找出值得肯定的地方，指出需要改正的地方。部屬的小小好表現，給予立即肯定。

3. **支持**：別光要求部屬在工作衝刺，要給他需要的資源和協助。給部屬未來發展的機會與願景，讓他知道為誰而戰？為何而戰？

Google 是一間優質的全球企業，Google 執行了十年的「氧氣計畫」，希望找出完美主管的養成配方，訓練出優秀的主管。根據研究指出，構成好主管的要素不是專業能力或技術有多強，重要的是 EQ（情商），也就是理解、控制自己和別人情緒的能力。

根據 Google 的研究，好主管有下列 10 個特徵：

1. 是個好老師。

2. 權力下放，不管枝微末節的小事。

3. 創造包容性的團隊環境，關心員工的成功與幸福。

4. 有效率、成果導向。

5. 擅溝通，善傾聽、分享資訊。

6. 支持員工的職涯發展。

7. 清楚規畫團隊的願景與策略。

8. 具提供建議的專業能力。

9. 有效合作。

10. 是個強大的決策者。

有一位大我 20 歲的部屬，曾不明就裡對我拍桌子咆哮，後來因為組織異動的關係，他們整個組被調到其他部門。有一次他犯了錯誤，他的主管當場用三字經飆罵他，他覺得人格受到侮辱，於是決定離職。他上班的最後一天，和老婆一起到我的辦公室找我，向我道別也道謝，他說：「有比較才知道誰是好主管，你這麼年輕，但你真的是一位很棒的主管，謝謝你之前的照顧。」

在職場我常以這兩句話勉勵自己：「**同事是一時的，朋友是永久的。**」、「**職位是一時的，尊敬是永久的。**」我曾為了總經理想取消同仁的補休假，以我的職位做為反對。一個主管要有擔當，如果只是個傳聲筒，只是個看門狗，主管的價值何在？我喜歡當主管，但我對職位絕不戀棧。

48
怎麼避免中年失業？

» 避免中年失業，心存感恩、時時學習！

　　「失業」，肯定是所有上班族最不想發生的事，但這種事常常身不由己。我在 2007 年 10 月底結束上班族生活，朝向專業講師與職涯顧問方向前進。沒多久，竟然遇上 2008 到 2009 年全球金融危機，也就是大家常說的金融海嘯。

　　一位熱心的老同事打電話關心我：「怎麼辦，遇到金融海嘯，你的工作應該大受影響吧？」我本來也這麼以為，沒想到反而因為失業嚴重，邀請我對失業民眾演講或者輔導失業民眾的機會紛紛湧現。

　　我曾在跟失業民眾演講時，遇見臺下的聽眾是我前公司別部門的同事，也遇過我證照班的同學，在那樣的場合遇見認識的人，總讓我感慨萬千。失業民眾中，有博士學歷的，也有總經理。失業有時是自己想走，但更多時候是別人要你走。

在瞬息萬變的職場中，「失業」可能是常態，但青年失業與中年失業是大不同的。因為在我的經驗中，金融海嘯後，職場似乎對年齡大的求職者喜愛度變低，所以中年謀職真的大不易。

　　生涯發展理論中，45 歲是生涯的頂峰，45 歲也是政府定義中的中高齡。生涯發展理論中，45 歲是個關鍵點，絕大部分的人發展性緩步向下，少部分人往上發展再造顛峰，也有一小部分的人偏離主要路徑快速往下。

　　我總是提醒大家：「45 歲真的是壓力鍋，房貸還沒還完、小孩正準備上大學花大錢、長輩可能身體開始出現狀況需要照顧，這時候如果遇上失業，就會成為偏離主要路徑、快速往下的那一群人。」如果真的不幸遇上中年失業，建議你工作先求有，讓自己先回到主要路徑後，再求好。

　　美國國家經濟研究局（NBER）去年發布最新的研究報告指出，全世界 132 個國家中，分析幸福感和年齡、經濟狀況、工作發展與健康狀況的因素，結果發現，47 歲是人生最悲慘的時刻。這個時刻剛好介於中年，也是「離退休還早、工作難以改革突破」的尷尬階段。

　　怎麼避免中年失業？對於現有的工作抱持感恩的心吧！再

者,大前研一說:「**專業,你的唯一生存之道。**」我想要強調的是:「**學習,你的唯一生存之道。**」專業必須與時俱進,學習才能讓你永保專業。

2020 年受到史上前所未有的疫情衝擊,一位來上我廣播節目的來賓說:「疫情年,也是淘汰年!」沒錯,疫情來襲又造成另一波失業潮。但我認為:「疫情年,也是學習年!」

雖然我在 2019 年 1 月即推出個人線上職涯諮詢服務,並累積很多經驗,但在 2020 年 5 月,才與東海大學合作進行了第一場線上職涯諮詢。在 6 月 30 日取得 BCC(國際認證專業教練)證照。在疫情之下,工作上必須學習改變。利用疫情期間,藉著工作排程沒這麼緊湊的機會,好好精進學習。

如果遇上了中年失業,千萬別怨天尤人,不妨好好反省一下,這樣的事情為什麼會發生?該怎麼繼續前進?產業外移、公司關廠,這些都不是上班族的錯。年資最深被裁員,年資最淺被裁員,這也都能理解。但如果以上情況都不是,你卻被裁員了,離職理由該如何說,你可要好好想想了。

很多中年失業的民眾告訴我,他上次寫履歷表和面試是二十幾年前的事了,聽到這裡我的心也跟著酸酸的。我想提醒你,現在寫履歷表和面試的方式,已經跟二十幾年前大大不同

了，你需要上上課或上上網學習一下。政府各地的就業服務中心都有開辦相關的免費課程，可以多加利用。再者，政府也有相關失業給付可以請領，協助你暫時度過難關，你可以善用政府資源。

不少中年失業者問我：「老師，我適不適合投資或創業？」這是個很複雜的問題，絕非三言兩語或一個簡單的答案可以告訴你的，我只能先提醒你，步入中年做任何事情須更審慎評估，就如同我，37 歲想要結束上班族生活，評估並準備了一年，38 歲我才真正結束上班族生涯。

隨著年紀不同，你必須要重新認識自己，重新評估對工作的選擇，**在生涯和職涯的路上，就是在前進的同時，不斷探索和評估**。到了中年，心智狀態肯定不同於剛出社會，「誠實面對自己」很重要。

49
如何思考人生下半場？
» 人生下半場，做自己！

　　內政部公布國人的平均壽命為 80.9 歲，男性 77.7 歲、女性 84.2 歲，都創歷年新高，與全球平均壽命比較，皆高於全球平均。40 歲應該是人生的一半，在生涯理論上也有「中年危機」之說，危機不完全是病態的，有優點也有缺點，可能帶來許多情緒上的不安與痛苦，也可能形成更適合的生命型態與結構。

　　不少人問我，怎麼思考人生下半場？以下分享我親身的經驗。37 歲時的我在研究機構上班，孩子分別是 7 歲和 5 歲，生活算是安定（一家從分隔三地到團圓），工作算是平順（但不是我最喜歡的工作，因為我從小就想從事媒體工作）。

　　我的內心突然開始出現一些大哉問：「人生下半場我要怎麼過？」、「工作對我來說除了賺錢，我還在意什麼？」、

「我可以在這家公司退休嗎？」、「我想在這家公司退休嗎？」這些問題不斷出現，當時我還沒有學職涯輔導，忙於工作，忙於家庭，忙到沒有時間和自己對話。我告訴自己：「這樣忙碌、盲目的生活下去不行。」等到小孩睡覺、忙完工作和家事時，我一個人靜下心來開始思索這些不斷湧現的問題。

我問：「人生下半場我要怎麼過？」

我答：「重新做自己。」（為什麼是「重新」？我一直在做自己，但 34 歲轉換工作是為了配合先生和一家團圓。）

我問：「工作對我，除了賺錢，我還在意什麼？」

我答：「快樂、意義和影響力。」

我問：「我可以在這家公司退休嗎？」

我答：「每年考績都是甲，應該沒問題。」

我問：「我想在這家公司退休嗎？」

我答：「如果可以有更好的選擇，我不想在這裡退休，因為太多科層制度，因為太沒變化與挑戰……」

到這裡，我產生了新的問題：「什麼是更好的選擇？」

我決定寫「SWOT」，寫出我的優勢、劣勢、機會和威脅。就這樣，每天晚上夜深人靜時，我拿著這張 SWOT 在客廳來回踱步思索，終於想到了對我而言那個「更好的選擇」。

　　在我思索人生下半場時，有一篇文章對我起了關鍵性的作用，那是英國管理學大師韓第（Charles Handy）的文章「誰會含著眼淚參加你的喪禮」，這篇文章我反覆讀了無數遍，對於人生的意義與工作的價值，有了更深一層的體悟。

　　38 歲的我，在 9 月 28 日教師節獲頒工業技術研究院第一屆桂冠講師，但我仍毅然決然的提出辭呈，結束上班族生涯，朝我的下半場人生前進。

　　我的願景是：「以演講實現助人的志業」，我給自己三年的時間，希望達到「每年 100 場演講，幫助求職者找到工作，幫助大學生和上班族提升職場競爭力」的目標，沒想到我在第二年就達成了這個目標，第三年我已經是每年 200 場演講。

　　48 歲的我，出版了《我的麥克風人生》有聲書，提出 10 個人生與職場的重要關鍵：**方向、自信、口碑、熱情、專業、價值、力量、助人、改變、影響**。

　　50 歲的我，意外重返我從小最愛的廣播，推出《藍老師生涯學堂》節目，選定生涯元素：工作、家庭、健康、心靈、財富、人際、學習、休閒，希望能在生涯 / 職涯的領域繼續精進，也透過廣播節目陪伴大家。我也舉辦了一場公益講座《人生 50》，提出了八個樂活人生的關鍵思維。

　　我從身、心、靈三個角度思考，在身的方面有健康、平安，在心的方面為珍惜、快樂、平靜，在靈的方面則是圓夢、奉獻、做自己。

　　51 歲的我，完成了臺、澎、金、馬等地的演講，並取得了國際教練（BCC）證照，我希望成為自己和別人的人生教練。另外也舉辦了一場公益講座《講師人生 30 年》，提出了18 個魅力演說的關鍵心法。

　　52 歲的我，出版了這本書和你見面。

　　人生下半場，最大的遺憾就是爸爸、媽媽都走了，爸爸不抽菸、不喝酒，茹素數十年，卻罹患肺腺癌，抗癌兩年半，在我 45 歲生日前一個多月走了。

　　媽媽只大我 20 歲，我 34 歲搬離家到新竹定居後，每天跟她通電話，然而她卻在我 50 歲生日前一個多月，過馬路時被 92 歲的高齡駕駛撞死了，她走的那天早上，我還跟她通過電話。

　　爸爸、媽媽都曾當面誇獎過我很孝順，這樣的誇獎對我而言勝過一切。日前我訪問華人卡內基訓練創辦人黑幼龍，他跟我說了一個故事，故事大意是一個孩子寫了一封信，對爸爸表達感謝，爸爸過世後，他整理爸爸遺物時，在櫃子裡發現爸爸

在信件上寫著：「此信永留存。」

黑老師覺得我很有影響力，他告訴我：「我希望你能跟大家推廣，寫感謝信給想感謝的人。」其實，我早在爸爸罹癌時，就曾寫過感謝信給爸爸和媽媽，把我對他們的愛意與謝意讓他們知道。

最近看到洪蘭老師接受李四端訪問時說：「**你要去想人生的意義，你的工作才能如你的意。**」這句話說得真好。工作在我所採用的生涯圖裡，只是其中的一部分，從更全面性的生涯角度去思考人生的下半場會更好。我很喜歡《最後的演講》作者蘭迪鮑許（Randy Pausch）教授的一句話：「Follow you heart, lead you life.」

以全面的生涯角度思考生涯

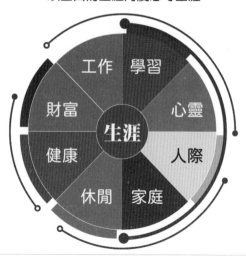

50

每一次的人生轉折點，要用什麼信念態度去面對？

» 人生轉折點，相信我可以！

　　十多年來，我歷經了至少 2500 場以上的演講和 1 萬人以上職涯輔導，被問過數不清的問題，大多數都是聽眾自身遇到的問題，但也有不少是關於我個人的問題：「您怎麼可以這麼成功？」、「你怎麼把孩子教得這麼好？」、「您怎麼做好時間管理？」、「你有遇過挫折嗎？怎麼克服的？」、「你怎麼總是這麼有活力？」、「您怎麼越來越年輕？」……這類的問題，在此挑一題為大家解答。

　　「每一次的人生轉折點，您是用什麼信念和態度去面對？」人生不可能一路上都一帆風順，如果目前你的人生一帆風順，我要好好恭喜你，你真是少數的幸運者，希望你能繼續擁有這份幸運。

　　我的人生當然沒有一帆風順，我從出生的那一秒，就帶給

我媽媽難受的一刻。在傳統重男輕女的家庭，爸爸看到媽媽生下來的又是個女兒，當場掉頭就走，回他老家去了，留下媽媽一個產婦獨自在家過了第一個夜晚。

數十年後，當媽媽跟我說起這段往事時，還語帶輕微的哽咽。不過我替媽媽討了個公道，我以半開玩笑的口吻找了爸爸談這件事，他要我別再提這件往事，他滿臉尷尬笑著說：「是我的不對，我那時不知道，你這個女兒長大這麼棒！」

我不只生長在重男輕女的家庭，我還生長在貧窮的家庭，我的兩個妹妹還因為養不起，送給別人當養女，打從出生起我就處於一個極大的困境。

愛因斯坦說：「**成功常常不是取決於起始點，成功常常是取決於轉折點上。**」生涯的歷程是由一次又一次的轉折點構成，你有沒有利用這些轉折點，扭轉你的人生？

我的人生有幾次重要轉折點，小學三年級時，伯母跟爸爸、媽媽說：「有一天你們若死，我叫我的大兒子幫你們捧斗！（臺語）」這句話對我是極大的刺激，當時我很想嗆我的伯母，但我沒這麼做，因為我爸媽肯定會阻止我。

我在心裡暗自發誓：「我要證明給你們看，生女兒比生兒子有用！」這個誓言，成為我奮發向上的動力。

小學四年級，因為擔任學校司儀，我立定志向，未來想成為廣播電臺節目主持人。然而大學聯考失常，我決定選系不選校，讀了私立大學，我當時告訴自己：「如果在這個爛學校，你都無法成為最好的學生，到那個好學校，你不過也只是個爛貨。」後來，我也愛上我的母校，還回母校兼課四年。在 34 歲之前，我很努力做自己，也很認真的證明自己。

　　34 歲，對我來說是人生最大的轉折點，為了家庭，我轉行並且移民（到新竹），我不認為這是犧牲，因為一直以來，兼顧工作和家庭是我的目標。

　　38 歲，我終於又重新做回自己，結束上班族生活，朝專職講師和職涯顧問前進。其實在做決定之前，我心裡也沒有百分之百的把握。在一次活動中，抽到一張牌卡：「**勇敢追尋你的夢想，因為你有能力實現它。**」我感受到前所未有的力量。

　　從小我就沒有活在「舒適圈」裡，一路走來形塑了我強大的心理韌性，一次一次我越來越「相信自己」，我相信我可以的，在人生中不被打倒，找到自信與能量。爸爸也常跟我說：「不要相信命運，要『運命』，你的生命是掌握在你的手中。」我相信擋在前面的不是牆，而是自己的決心。

　　你可以畫一張你的生命曲線圖，把自己從小到大的生命

曲線畫出來，在高高低低的曲線中，回顧自己如何走出低潮？怎麼達到高峰經驗？這樣的練習，會讓你更瞭解自己的人生軌跡，找到成長的契機。

從小我特別喜歡勵志的座右銘，多年前我製作《樂生涯小語》卡片分享給聽眾：

- 我們不能改變過去，我們能開創未來！
- 我們不能決定生命的長度，但能決定生命的精采度！
- 人生不一定如人所願，但它充滿了無限可能！
- 當夢想越具體、告訴越多人，越有實現的可能！
- 大大的成功遙不可及，先從小小的努力做起！
- 成功不在於別人的定義，而在於對自己的意義！
- 幫助別人，成就自己！
- 做生涯的主人，做別人的生涯貴人！

2016 年台積創新館試營運時，我看到牆面上投影著創辦人張忠謀先生的親筆名言：「**嚴峻挑戰的背後是美好的未來。**」當時內心非常的感動，正因為我克服了一次又一次的嚴峻挑戰，我才能有眼前這些美好，謝謝勇敢又努力的自己。以這句話，跟正在面對嚴峻挑戰的你分享。

相信自己，你可以的！

致謝

這本書的誕生，我最大的體悟是：「演講比寫書輕鬆太多了！」

雖然這是我第一本公開上市的書，但我的名字曾在幾本暢銷書中出現。

《臺灣諺語的管理智慧》（商周出版，1992）：大學剛畢業在《商業周刊》工作時，我曾促成廣播節目來賓蕭新永，將他的精采談話內容出書，因此他在書中特別感謝我。

《職來職往 3─笑看職場的遠水與近火》（天下文化，2020）：中年再度重返廣播，認識了職場圖文作家馬克，很榮幸應他的邀請，在他的書中寫了一篇職人觀點。

《記得住，就能翻轉人生》（微讀出版，2020）：擔任勞動部講師培訓班講師時認識王聖凱，曾為他推動的臺灣記憶運動錦標賽和心智圖錦標賽站臺，也很開心能推薦他的書。

無意間也發現，我竟然在一本文學類的書出現，《台灣當代傳記文學研究》（秀威資訊，2003）一書中作者鄭尊仁，引用了我以前的文章內容。

幾家優質的出版社曾跟我接觸出書，最後經王聖凱老師介紹，我決定讓布克文化幫我出書，因為布克文化屬於城邦媒體集團，城邦媒體集團首席執行長何飛鵬，正是我大學畢業後第一份職場工作《商業周刊》的大主管。

一本書的完成要感謝的人很多，謝謝聖凱的推薦，謝謝布克文化的專業團隊，特別感謝總編輯賈俊國，我與他洽談時，連一篇稿子都沒有，不知道他哪來的信心，願意幫我出書，更重要的是，他給了我出書的信心。

謝謝所有為我推薦的長官、師長和前輩們，實在太多人適合擔任我的推薦人，為了擬推薦人名單，我很傷神啊！我擬了十位推薦人，希望能十全十美，他們竟然二話不說，全數應允。特別感謝為我寫推薦文，我的大學導師趙雅麗老師，我在職場的第一位大主管何飛鵬社長，曾和我在廣播上長期合作、令我景仰的黑幼龍老師。

寫了第一篇稿子給賈總編看後，我花了 42 天寫完其餘的 49 篇。這 43 天，我還是一如往常的演講、輔導，照顧家庭。對我而言，想做的事，就是該全力以赴。

感謝許多朋友和粉絲，透過臉書得知我將出書的消息，經常替我加油打氣。

謝謝我的先生，他是我的最佳啦啦隊和校稿員。他說：「你寫好交給出版社就好，不用自己先校稿。」

我告訴他：「從我手上出去的東西，一定要有基本的品質，這是我做事的態度與形象。」他應該是心疼我吧！只好攬下校稿這件工作。

出版這本書，其實有個隱藏的目的，希望能把我在職涯的經驗與智慧，有系統且毫不保留的分享給我兩個讀大學的兒子，願他們未來的職涯走得更順利。

感謝在我的職涯上提攜我、幫助我的人，是你們讓我成為更好的人。

謝謝買書的你，這本書讓我們有了交集。

最後，也要謝謝這麼努力又勇敢的自己！

職涯，我與你同行！

職涯勝經

職涯名師藍如瑛 50 堂職場必修課，
從社會新鮮人到 CEO，掌握人生關鍵時刻，輕鬆縱橫職場！

作　　　者／藍如瑛
美 術 編 輯／孤獨船長工作室
責 任 編 輯／許典春
企畫選書人／賈俊國

總　編　輯／賈俊國
副 總 編 輯／蘇士尹
編　　　輯／高懿萩
行 銷 企 畫／張莉滎‧蕭羽猜‧黃欣

發　行　人／何飛鵬
法 律 顧 問／元禾法律事務所王子文律師
出　　　版／布克文化出版事業部
　　　　　　台北市南港區昆陽街 16 號 4 樓
　　　　　　電話：(02)2500-7008 傳真：(02)2502-7579
　　　　　　Email：sbooker.service@cite.com.tw
發　　　行／英屬蓋曼群島商家庭傳媒股份有限公司城邦分公司
　　　　　　台北市南港區昆陽街 16 號 5 樓
　　　　　　書虫客服服務專線：(02)2500-7718；2500-7719
　　　　　　24 小時傳真專線：(02)2500-1990；2500-1991
　　　　　　劃撥帳號：19863813；戶名：書虫股份有限公司
　　　　　　讀者服務信箱：service@readingclub.com.tw
香港發行所／城邦（香港）出版集團有限公司
　　　　　　香港九龍土瓜灣土瓜灣道 86 號順聯工業大廈 6 樓 A 室
　　　　　　電話：+852-2508-6231 傳真：+852-2578-9337
　　　　　　Email：hkcite@biznetvigator.com
馬新發行所／城邦（馬新）出版集團 Cité (M) Sdn. Bhd.
　　　　　　41, Jalan Radin Anum, Bandar Baru Sri Petaling,
　　　　　　57000 Kuala Lumpur, Malaysia
　　　　　　電話：+603-9056-3833 傳真：+603-9057-6622
　　　　　　Email：services@cite.my

印　　　刷／韋懋實業有限公司
初　　　版／2021 年 6 月
　　　　　　2024 年 3 月初版 2.5 刷
定　　　價／300 元
I S B N／978-986-5568-72-6
E I S B N／978-986-5568-70-2（EPUB）

城邦讀書花園　布克文化
www.cite.com.tw　www.sbooker.com.tw